新时代高职院校产教融合研究与实践

吴义专　著

中国纺织出版社有限公司

内 容 提 要

随着我国社会经济的发展，国家出台了一系列完善职业教育产教融合的政策，高职院校在国家产教融合政策下，不断地进行改革实践。本书主要以我国高职院校产教融合实践为素材，通过理论联系实际的方式，分别对产教融合的基本概念，产教融合路径，现代产业学院治理体系建设、师资队伍建设、人才培养模式探索及发展历程，跨文化与产教融合发展的联系，产教融合的研究意义及发展前景等内容进行介绍，为职业教育师生在产教融合方面的研究提供了有价值的研究成果，以期对高职院校产教融合、校企合作人才培养提供借鉴。

图书在版编目（CIP）数据

新时代高职院校产教融合研究与实践 / 吴义专著. -- 北京：中国纺织出版社有限公司，2023.7
ISBN 978-7-5229-0763-5

Ⅰ. ①新… Ⅱ. ①吴… Ⅲ. ①高等职业教育—产学合作—研究—中国 Ⅳ. ① G718.5

中国国家版本馆 CIP 数据核字（2023）第 135410 号

责任编辑：史 岩　　责任校对：高 涵　　责任印制：储志伟

中国纺织出版社有限公司出版发行
地址：北京市朝阳区百子湾东里A407号楼　邮政编码：100124
销售电话：010—67004422　传真：010—87155801
http://www.c-textilep.com
中国纺织出版社天猫旗舰店
官方微博 http://weibo.com/2119887771
天津千鹤文化传播有限公司印刷　各地新华书店经销
2023年7月第1版第1次印刷
开本：710×1000　1/16　印张：10.25
字数：210千字　定价：99.90元

目录

第一章　产教融合研究概述

第一节　当代产教融合的背景

产教融合是指职业学校根据自身特点和专业积极组建专业产业，产教紧密结合，相互促进、相互支持。产学研一体化是产学研的深度合作，是专业学校与企业的深度合作，有助于提升人力资源的开发质量。在国家政策的大力支持下，产教融合是未来中国职业教育的发展方向。

一、产教融合的发展

"产教融合、校企融合"的办学模式是我国职业教育学校开辟的一条崭新的发展道路，但仍处于起步阶段。具体做法是不一样的。但是，只要我们坚定思想，坚持探索，认真把握职业教育的发展方向，依靠科技进步，产学研相结合的职业教育的未来一定会更加美好。

二、产教融合的优势

1. 有利于激发学生的创造性思维和创新能力，为学生将社会实践与勤工俭学相结合创造了条件

高职院校设立专业产业，并与教学相结合，既为学生提供了必要的实践条件和难得的培养机会，又有利于高职院校突出自己的办学特色。在实际学习和工作实践中，在教师的指导下，学生将在书本上学到的知识应用于实践中，加深了对知识的理解，提高了学生对知识的应用能力和解决实际问题的

能力。不仅如此，产教结合还有利于激发学生的创造性思维和创新能力，激励他们在科研工作实践中不断探索创新，鼓励培养具有创新能力的创新人才是我国职业教育发展的方向。学校设立专业行业，让学生参与生产或经营，不仅获得一定的报酬，还接受社会实践的锤炼，客观上为学生勤工俭学创造了条件。

2. 有利于提高教师的业务水平

目前，高职院校的大部分教师是直接从各高校招聘的。其优点是专业水平高、理论知识丰富，缺点是应用能力弱、实际操作水平低，这极大地制约了高职院校教学质量的提高。高职院校建立了实践基地，建立了自己的特色专业，这为教师特别是专业课教师参与教学实践与实际生产提供了机会和条件，提高了教师对知识的驾驭能力和实际操作水平。在教学实践中，教师需要将理论知识与生产实践相结合，将教学和科研相结合，这不仅有利于提高高职院校的专业水平和办学质量，而且有利于高职院校培养具备丰富实践经验和高素质的专业化教师队伍，教师是提高高职院校产教融合的关键因素。

3. 有利于促进地方经济繁荣发展

在我国，职业教育与地方经济建设联系密切。高职院校直接为地方经济发展提供人才。职业教育学校的专业设置以满足当地产业经济发展的布局为重要前提，是我国职业教育发展的重要特征。高职院校由于具有丰富的专业知识和掌握前沿技术，依托技术打造产业，容易在当地形成示范作用。同时，高职院校多年来贴合地方产业发展，培养了一批又一批既懂技术又懂管理的专业人才。他们进入职场后，在各个领域的发展与进步必然具有相当优势，这在一定程度上带动了地方产业经济结构的调整，极大地促进了地方经济发展，为当地经济社会繁荣发展做出了重要贡献。

4. 有利于促进职业教育的健康发展

职业教育的目标就是就业，其直接导向性结果就是解决学生的就业问题。同时，为企业和社会输送生产、建设、管理、服务的一线人才，着重培养具有高技能的专业人才。这类人才的职业性、技能性和实践性特征非常突出，换言之，职业教育培养的就是能工作在一线、懂管理、懂技术，本身又具有实践操作能力的复合型人才。因此，对于这一岗位群体的最重要培养原则就是知识、能力、综合素质的全面发展。根据专业设置，制订教学计划。“产教融合、校企融合”的培养理念是这一需求的集中体现，应在职业教育中大力推广。学校还应根据当前科技发展方向和科研成果转化培养新技术的韧性，实现学校人才培养、产品研发和技术服务三大功能。为适应企业对学校教学的需求，跟上科技发展的步伐，高职院校需要积极吸引学者、专家和企业技术骨干参与培养目标的讨论和教学计划的编制。

第二节 当代产教融合的内涵

产品生产是企业生产实践的根本目的，而产教融合的职业教育是将生产与教育相结合，其中生产是基础。在此基础上，进行专业的理论知识学习和实践教学，让学生真正学到技能，让教师教出真正的水平。产教融合中的生产并不是单独的企业生产，而是将生产实际与学校教学密切结合。高职院校想要提升自身的产学研能力，需要根据日益变化的市场需求提高自身的落实发展能力，不断将产学研相结合做大做强。高职院校必须有自己明确的办学理念，更要有与自身发展实践相契合的远大办学愿景。但“千里之行，始于足下”，如何将高职院校产学研相结合，如何形成高职院校生产与教育相结合的合力是本书探讨的重点。

一、坚持“双赢”原则，实施责任共担

根据我国实际国情与职业教育院校的办学现状，极具可探讨性与可行性的思路是职业教育院校引入社会上管理和技术较为先进的企业，参与校企合作，将职业教育院校的研究成果转化与企业产品生产相结合，在教学过程中介绍企业生产实践，企业配合职业教育院校共同制订产教相结合的具有可操作性的教学生产计划，让教师掌握企业生产的实用性技术，让学生真实参与企业生产，

为企业生产经营带来经济效益，为高职院校学生提供参与社会实践的宝贵机会，使校企双赢，互补发展。

具体实施办法是：

1. 学校教学为主，企业生产为辅的产教融合教学原则

以学校现有的专业实习工厂和设备为载体，引入符合学校人才培养要求的企业，学校提供厂房与设备，企业负责产品与生产需求，为学生提供参与生产的社会实践机会，双方结合，进行产品生产与人才培养。在教学实践中融入真实生产需求，使教师和学生同时参与企业真实生产，在生产中学习技术。

2. 企业为学生提供指导人员

企业为学生分别安排生产、管理、技术等方面的专职带教人员，也就是所谓的“师傅”，由专职师傅按照产教融合的教学计划，在生产实践中指导学生学习，实施辅助教学。同时，职业教育院校安排相关教师全程跟踪，参与生产，指导学生学习生产工艺。

3. 慎重选择产教融合的参与机构

职业教育院校在挑选产教融合项目参与机构时必须本着全面考察、谨慎选择的原则，对产教融合参加机构进行全方位审核，不仅包括参与机构的资政审核，还应包括但不限于参与机构的法定代表人、出资情况、股权结构、生产能力、市场情况、企业经营现状等企业基本情况。反之，产教融合参与机构也有权利要求职业教育院校对其基本情况进行说明。

二、突破“结合”难点，完善育人体系

产教相融合的实施一般存在以下三个方面的问题：

1. 企业的生产与学生实训之间的矛盾

企业和学校对于实际生产时间的控制不一样，企业希望实际生产时间越多越好，这样才能更好地保证企业经济效益，学校则不同，学校希望学生能在机器上有更多的操作时间。

2. 在生产过程中企业与院校目标的不一致

合格率和生产效率越高越好是企业生产过程的理想状态。实习学生由于都

是新手，上机操作能力差，易出残次品，但是院校希望企业能为学生提供更多的实践机会。

3. 学生的人数与设备数量和企业生产目标之间的矛盾

院校学生人数众多，班次不同，参与生产实践的时间与周期不尽相同，但是院校或企业固有设备数量有限，生产经营目标既定，这些矛盾都是参加产教融合的双方机构在实际合作过程需要相互调解的。

解决好学生人数与设备数量和企业生产目标三者之间的矛盾，是保证企业生产质量与生产效率，同时保证学生培训时间充足的关键。而突破这三者之间矛盾的关键在于创新，不断创新人才培养模式，不断改革课程体系以适应企业生产和学校教学需求，在实践中不断完善教育体系。

为此，本文进行了专门的课题试验研究：

1. 构建科学合理的模块化课程体系

从职业院校众多学生中选取若干文化课、专业基础课、基本功训练完成情况较好的学生，在完成原有课程的基础上再进行专业课训练实验。将参加实验的学生所学习的课程分成四个模块，实施阶段也分为四个，具体操作如下：模块一是数控机床的基本结构和工作原理；模块二是 CNC 编程；模块三是仿真加工；模块四是岗位实习。学生在学习编程基本方法的基础上，通过专门的仿真软件验证其所编写程序的合理性，对于学生及时发现学习过程中的错误非常重要，有利于学生快速提高编程实践能力。通过数控机床的教学培训，帮助学生掌握数控机床的操作方法，有利于提高学生仿真学习效率，帮助学生尽快保质保量独立完成生产任务。

学生在自主加工产品前，需要先在教师的指导下独立生产，学生必须通过一段时间的学习，生产技能熟练程度达到考核标准，通过考核才能进入下一阶段学习，学生未通过考核不能进入新阶段的学习，如此各个环节、各个阶段的考核都通过的学生才能完成全部课程。

2. 加强学生规范意识、培养质量意识

职业教育院校学生普遍年龄偏小，自我约束能力差，需要教师在行为引导方面多加关注。因此，对职业院校的学生从入学开始就要加强其日常行为习惯的养成，加强其思想政治素质的教育；另外，对学生的日常行为规范进行严格考核，制定与之相适应的实践规范和奖惩考核规则。

对学生的素质教育可以通过典型案例来进行。例如，有的学生没有遵守零件加工完成后只能测量一次尺寸的规定，再次测量尺寸后，产品报废，损失达 5000 多元。与此同时，要求企业加强员工管理，为学生树立榜样。例如，某企业员工因在生产车间内吸烟而被通报批评、扣除当月奖金并罚款 1000 元，这令当时在场的学生深受教育。

3. 实施分组分阶段教学

每个班参加项目测试的学生在 50 人以上。如果安排学生同时练习，不仅难以做到一人一机，车间数十人甚至数百人的涌入也难以管理。因此，在实验过程中，我们采用了分组教学，分阶段实施的方法，将同一个班的学生分成 3 ～ 4 组，统筹安排，分组解决教学与实际生产环境的冲突。

三、坚持不断总结，力求推动产教结合再上新台阶

改革创新是从理想到现实的过程，也是从理论到实践的过程。要深化生产教育结合，必须认真总结。回顾我校近三年的尝试，本书总结了以下四方面经验。

1. 育人效应得到有效显现

学校通过实施产教融合，使学生的专业技能得到充分训练，该校实施产教融合四年多时间，使四百多名学生通过产教融合培训找到了合适的工作，并且很快融入企业变化，根据企业要求调整自己的工作状态，迅速成长为企业的技术骨干或优秀员工。2018 届数控班一名学生毕业后被国内知名汽车公司录用。由于出色表现，他被派往日本深造。2019 届 CNC 班两名学生在毕业前被国内知名电气公司提前签约。进入工作岗位后，因他们出色的技能很快被提升为领班。产教融合培养出来的学生一毕业，就被闻讯而来的企业聘用，大大提升了我校毕业生的就业率，也为他们日后在工作实践中快速成长奠定了坚实的基础。

2. 教师水平得到有效提升

产教融合项目实施过程既是对学生实践能力的培养，也是高职院校教师专业实践能力提升的重要机会。高职院校教师在生产线上进行实践与实习，不仅获得了理论与实践相结合的良好机会，而且不断提高自己的综合专业能力。教师得到了锻炼和成长，其教学水平也有了很大提高。教师作为院校的无形资产是院校综合实力的重要体现，教师综合实力强、专业特色显著有助于提升学校的办学实力和办学特色，因此，高职院校应该不断培养具有真才实干的专业教师尽快成长起来，从而为院校的可持续发展奠定坚实的师资基础和强大的人才储备。

3. 校企文化得到有效融合

产教融合的实施，加速了企业和学校的融合进程，使企业的先进管理经验更加快速传输到学校实训基地的管理过程中，有效促进了企业文化与校园文化的有机结合。企业文化与校园文化的有效结合，不仅丰富了校园文化的内涵，而且使学生向企业员工的顺利过渡有了重要保证。产教融合的实施，拉近了学校与企业的距离，增加了学校和企业的合作机会，企业到学校宣传企业精神和企业文化，有助于增强企业与学生的黏性，不但增加了企业与学生直接对话的机会，而且培养了学生的员工意识，引导学生自觉培养符合企业发展需要的专业技术能力、职业素养和团队合作精神。

4. 育人成本得到有效控制

客观地说，学生在练习“真刀真枪”时，原材料的消耗给学校造成的经济压力是部分学校无法承受的。但是通过产教融合，这一部分的经济支出则由企业来承担，除此之外，还有不合格产品的消耗问题也一并由企业来承担。此外，企业还支付相应的学校机械设备折旧费用。企业还为优秀的学生设立了“奖学金”，为控制学校教育成本提供了很多帮助。

学校开展产教融合的根本目的是培养人才，特别是培养适应现代企业需要的专业技术人才。学校与企业开展产教融合的根本前提是生产必须服务于教学，当然，在这一过程中，生产是一切的基础，没有生产，产教融合就没有实施的空间。在现行的教育管理体制下，实行产教融合不能外包给校外机构，只用于产品生产，而不考虑“教学”，这将使产教融合的培训模式变相成为校办工厂。产教融合的培养模式不能由学校内部员工承包，也不能完全以学校的名义组织起来，否则就完全忽视了企业作为产教融合重要载体的优势，而是将企业变成了学校的实习工厂。因此，我国职业教育对产教融合的研究，还是要将“融合”作为研究的重点深入开展，探索具有实际操作意义的机制。以产教融合的模式将企业追求经济效益，高职院校追求人才培养相结合，这二者的融合程度与深度在一定程度上决定了产教融合的整体发展水平。

第三节　当代产教融合研究理论与实践经验

一、高职院校肩负着培养多元人才、传承技能、促进就业创业的重要责任

2021 年 10 月，中共中央办公厅、国务院办公厅印发了《关于推进现代职业教育高质量发展的意见》(以下简称《意见》)。《意见》指出，要求各地区、各部门结合本地区、本部门实际情况认真落实现代职业教育高质量发展的重要任务。《意见》还指出，职业教育是国家教育体系和人力资源开发的重要组成部分，肩负着培养多元人才、传承技能、促进就业创业的重要责任。在全面建设社会主义现代化国家的新征程上，职业教育有光明的前景和广阔的发展空间。我国职业教育的发展要坚持德才结合，促进思想政治教育与技术技能培训的融合统一。企业与学校优势互补，以市场导向为发展前提，积极改革学校的战略布局、专业设置、人才培养，使职业院校的发展与市场需求高度拟合，从根本上促进学生就业。在产教融合过程中要注重以实践为核心的发展原则，坚持以实践为教学指导，强化学生能力的培养，让更多年轻人凭借自身技能实现人生价值。坚持以人为本，因材施教，坚持人人可以成才，人人是人才的人才观，为每个人才能的发挥提供良好的环境。

二、职业学校联合行业协会、地区性组织、企业等共同办学，实行人才培养订单制

行业协会、地区性组织、企业参与高职院校教育教学管理的全过程，为高职院校培养学生提供一定的资金、必要的设备、生产实习场地，学生参与产教融合也可以作为企业的人才储备，同时从行业协会、地区性组织、企业选聘部分实践导师，在培养学生的过程中提高自身才能素养，最终反哺企业的发展。参与产教融合的行业协会、地区性组织、企业也可以和学校合作承担一些培训项目或课题研究任务，学校给予参加产教融合的机构在人才招聘方面的优先权，实现双赢。职业教育院校根据行业公司提出的岗位培养目标，有针对性地设立专业和培训方案，做好课程开发工作，根据行业公司的实际需求组织教学活动，参与行业公司的新技术、新产品开发，并为企业提供员工培训、技术咨询等服务。我校开展了“订单化”培训和企业培训，推动了学校招生和企业招聘的一体化进程，大大提高了我校招生人数和学生质量，总招生占全校的比例逐年提高。联合办学有效增强了职业教育机构活力，有利于职业教育机构培养符合企业和行业要求的高素质人才。

三、强化专业优势，突出产业办学特色，办好产业促专业

目前，强化办学的品牌优势是我国职业教育院校发挥其专业办学优势的显著特征，依托专业发展产业，积极建立适合自身办学特色的相关产业，通过产业发展反向调动学校的特色专业建设，形成“产教相结合”特色发展优势。“产教并举、以教育促生产、以生产养教育”的良性循环模式，为生产与教育良性融合发展创造良好的氛围。例如，湖南省某物质学校产学研相结合，以室内装饰专业为基础成立了装修公司，固定资产总额1200多万元，年产值5000多万元，创造利润700多万元。湖南、河北、江苏、山东等地的高职院校进一步提出要以市场为导向，打造一种从办专业到办实体，到育一批人才，再到兴一个产业，最后富一方群众的全链条式人才培养模式，并在这方面积累了丰富的经验。与此同时，也在一定程度上促进了当地的经济发展。

第二章　产教融合路径研究

第一节　产教融合共有之路：工作室模式

一、工作室模式概述

工作室教学模式是以专业教师为主导，以工作室空间为实施环境，以辅助教学为工作室的主要任务，兼顾科研项目，再由工作室负责教师带领学生参与生产实践，共同完成生产技术项目，通过产学研相结合全面提高学生专业技术能力的教学模式。参与工作室模式的学生通过参与工作室的具体工作不仅可以提高自身的实践操作能力，还可以全方位地提高自己的综合专业技术能力。工作室教学模式作为产教融合教育的重要探索模式之一，也是高职院校建设实践型教育类大学的有益补充。

工作室教学模式是一种集教学、科研、生产、实践于一体的新型人才培养模式。它注重学生专业应用能力的培养，课程、课堂和生产实践相结合，以项目研究和承担技术项目为主要任务。它还是将理论与实践相结合，在生产中融入教学的一种创新职业教育教学模式。工作室教学模式与传统教学模式的显著区别，主要体现在教学内容、教学形式、教学方法和教学成果四个方面。第一，在教学内容上，工作室教学模式更加注重知识的运用；第二，在教学形式上，工作室教学模式以实践研究型教学为主；第三，在教学方法上，工作室教学模式是以项目为主的开放式互动性的教学方法；第四，在教学成果上，工作室教学模式更加专注论文、研究报告和作品。

目前，绝大多数普通高校教学仍沿用几十年前的传统教学模式，主要由教师讲授，学生安静听讲。他们缺乏自己动手的空间，使得许多大学毕业生眼高手低，我国高校毕业生存在的普遍问题就是缺乏实践能力，这直接导致许多用人单位对高校毕业生的能力持有严重的怀疑态度。事实证明，实践教学是解决这一问题的正确选择。实践教学模式不仅能保证学生扎实的理论基础，而且培养了学生较强的实践操作能力。工作室教学模式的建立和发展，作为实践教学一种新的探索，对促进和发展实践教学具有重要作用。

与传统教学模式相比，工作室教学模式具有以下四个特点：

1. 在教学内容方面，注重知识的应用性

工作室教学模式在教学内容上更加注重知识的运用，如何让学生用所学知识解决各种各样的现实问题，将书本上的理论知识运用到工作实践中，使学生在解决问题的过程中逐步加深对理论知识的理解，理论服务于实践是工作室教学模式的关键所在。工作室教学模式的教学成果突破以往的一纸考卷，而是通过论文、研究报告和作品的形式展现出来。工作室教学模式培养的学生在充分掌握理论知识的同时，更能将其运用到工作实践中，解决实际生产问题，同时创造出自己的成果。

2. 在教学形式方面，以研究型教学为主

当前，我国职业教育院校的教学方式主要分为两种：一种是教育教学型教学，另一种是研究型教学。教育教学型教学更加注重理论知识的讲授，强调学生对所学理论知识的掌握程度，其教学成果的验收体现在考卷上，主要是通过分数来判断学生对知识的掌握程度。该教学方式的缺点就是学生仅仅掌握了理论知识，而缺乏对理论知识的实际应用能力，导致学生的理论知识的理解和掌握的深度非常有限，有效时间也相对不长，随着时间的推移，遗忘的速度会很快。研究型教学在教授学生理论知识的同时，更加注重培养学生的认知能力，以及创造性思维和独立发现问题、解决问题的能力，通过对认知科学的培养，学生的批判性思维和创造性思维逐渐形成，更加注重学生的全面发展。研究型教学的教学过程，教师以指导为主，注重培养学生的思维以及用所学知识解决实际问题的能力。研究型教学模式的成果最终以论文、研究报告或作品的形式呈现。

3. *在教学方法上，以项目为主的开放式互动性的教学方法*

工作室教学模式的班级建制相较传统教学班级建制有所差别，从入学到毕业，班级建制基本很少发生变化，工作室教学模式的班级建制以项目为依托，也就是课程内容决定了教学方法，也决定了班级建制，教学根据课程内容提炼课题或项目，引导学生进行研究。工作室教学模式具有针对性强、实践性强的特点，项目涉及的专业范围广，有助于学生将所学知识进行整合，提高运用理论知识解决实际问题的能力。以项目制为基础的开放式、互动式教学方法是工作室教学模式的实施基础，无论是教学内容、教学形式还是教学方法与班级建制，其教学的应用性更强，这是职业教育面向市场开放的必然要求。

教师也会引导学生以实践项目或课题的形式应用所学知识。教学环境不再局限于教室、黑板、粉笔等，而是延伸到资料室、图书馆、实习工厂，甚至真实的企业生产环境，这不仅将传统的封闭式课堂教学转变为以实践应用为导向的开放式教学，而且扩大了教学活动的实施空间，拉近了学校与企业及社会的距离。教师通过开展课题研究或承担科研项目的形式引导学生开展研究性学习，增强了学生自主学习的能动性与控制力，使学生有更多自由时间进行自主学习。分析、总结，用亲身实践完成对所学理论知识的实际应用，完成项目或课题研究。在自主学习过程中，学生在掌握理论知识的同时还提高了运用理论知识解决实际问题的能力，提高了学生对理论知识的掌握程度。工作室教学模式的过程是一个讨论、沟通、思考，再讨论、沟通、思考的循环。这种培养模式更加符合学生的心理特点，更加突出学生的学习主体地位，更加调动学生的学习积极性，与此同时也改变了教师的角色，教师的教学工作不再局限于传统的课堂内容讲授，而是引导学生的创造性思维，更加注重培养学生发现问题和解决问题的能力。

互动性使工作室教学模式贯穿于项目或课题的整个研究过程，这种互动方式既包括教师与学生的互动，也包括学生与企业及社会的互动。在确定项目或课题时，教师需要引导学生开展研究，教师需要了解每个学生的思维特点，有针对性地进行指导。在教师的指导下，学生自主制订研究计划，还需要进行数据收集、数据分析、社会和市场走访等。这种互动性交流模式突破了传统的单一课程内容，拓展、延伸和深化了既有教学内容，极大地拓宽了学生的知识视野和思维。不同的课程、不同的学科之间的相互交织渗透，有助于提高学生对专业知识的综合应用能力和处理实际问题的能力。

4. 在教学成果方面，以论文、研究报告、作品为主

传统教学模式的教学成果主要体现在试卷和成绩上，学生对知识的掌握程度以最终成绩来判断。该教学模式的显著缺点就是学生对所学知识的掌握不够牢固，理解不够深刻，掌握知识的速度快，遗忘的速度也快，缺乏知识的整合和应用能力。工作室教学模式的教学成果最终以论文、研究报告、作品等形式呈现，学生在参与项目或课题的过程中有针对性地收集数据，并对所收集的数据进行总结、分析，独立完成相关知识的学习，在形成教学成果的过程中，运用所学知识进行科学论证或分析。在教学过程中，学生不仅学习了本课程的专业知识，还学习了分析问题和解决问题的方法论，触类旁通，真正提高了学生运用所学专业知识解决实际问题的能力。

工作室教学模式的参与主体包括四个部分：学生、教师、课程或相应的项目或课题、必要的教学设备。教师以完成课程教学计划为基本目标，对课程的基本内容进行预讲，并根据课程内容细化项目或主题，然后引导学生收集数据，学生根据项目或主题有针对性地收集数据，再对数据进行整理、分析，析出研究成果，完成项目的同时也完成了学习任务。在参与项目、课题或作品的过程中，学生通过直接参与市场调研、组织材料、与相关团体或企业交流等方式进行充分的课程实践活动，使学生将所学的理论知识和技能直接应用于实际，有助于学生不断深化对已学知识的深入理解，相关的工作经验让学生更清楚自己在校期间的学习目标。在这个过程中，学生的认知能力得到了提高，专业视野也得到了拓展，还有助于学生根据自身条件重构自我认知，提高创新能力。因此，学生参与工作室教学模式的过程，就是一个提高学习能力、培养专业素质的过程，不仅能让学生在工作中积累经验，还能帮助学生在毕业后迅速融入企业和社会，极大地缩短了学生毕业后职业适应期，提高了学生的就业率和就业满意度。

总之，工作室教学模式是一种将理论与实践紧密结合的创新型教学模式。工作室教学模式注重学生自主学习能力、认知能力和创造能力的培养，重点培养学生观察问题、调查问题、分析问题和解决问题的能力。工作室教学模式既能使学生牢固掌握所学的理论知识，又能掌握知识的实践应用能力，将理论知识应用于实际工作中，并不断深化对所学知识的理解，丰富所学的专业知识。

二、工作室制教学模式的理解

工作室教学模式是以专业教师为主导，以工作室空间为实施环境，以辅助教学为工作室的主要任务，兼顾科研项目，再由工作室教师负责带领学生参与生产实践，共同完成生产技术项目，使产学研相结合全面提高学生专业技术能力的教学模式。

"工欲善其事，必先利其器。"笔者认为，工作室教学模式顺利发展的首要前提是工作室的建设，即工作室、设备、管理、资源等方面所需要的空间载体的组成要素。

1. 工作室的师资要过硬

工作室的教师要承担的科研和带教压力比传统教师大许多：首先，他们要有较强的责任心和敬业精神，因为在带领学生完成科研和生产任务的过程中工作室教师的负责任程度将直接影响学生的学习效果；其次，工作室教师不仅要有较强的科研能力，还能够带领学生完成科研任务；最后，工作室教师还要有较强的沟通协调能力，能够协调好学生、学校和企业之间的关系，以帮助学生大幅提高实践操作能力，更好地完成学习任务。

因此，工作室负责人的遴选需要考虑由具有较高社会知名度、较强科研能力、较好的综合协调能力的教师担任，发挥他们各自的优势和长处，有助于工作室教学模式的长期健康发展。

2. 设备要齐全

设备是开展研究和工作的硬件条件，也是完成承担项目的刚性技术保障。工作室教学要走特色发展之路必须有一定的基础设备和专用设备，设备齐全是工作室教学特色发展的物质基础。例如，开设服装工作室就离不开各种裁剪设备、缝制设备、熨烫设备以及支撑现代服装技术所需的计算机软硬件系统。实际工作中，工作室的空间毕竟是有限的，并不能容纳所有设备，同时为了节约工作室开销，只要把必要的裁台、缝纫机、简单的熨烫设备和电子绘图电脑放在工作室即可，对于大型熨烫等非专用设备就可以和学校其他专业共同使用，或者与学校综合实验室共享资源，既节省了空间，又降低了人力成本，还节省了科研费用。

3. 管理制度的完善

工作室教学工作必须有必要的管理制度作为保障，完善的配套管理制度有利于工作室制度的规范化发展。

4. 资源充足

工作室的资源包括但不限于人力资源、信息资源、物力资源、财力资源等。

目前，工作室不可能成为教学的主要单位，它只能是职业教育日常教学中的辅助教学岗位。它受许多因素的限制，如教师数量、学生数量、工作室空间和学生培训方案。课堂教学仍然是传统学分制实践教学的主体，工作室教学只是学生利用有限的课余时间开展实践活动的有益补充。等我国职业教育发展条件成熟时，工作室教学模式可以发展成为与课程教学和学分制教学同样重要的主要教学模式之一。

企业作为工作室教学模式最好的实践场所，为工作室教学提供了主要技术项目，同时也为工作室教学提供了最直接有效的资金来源。工作室的发展可以与企业发展充分横向结合，一方面，工作室通过为企业解决实际生产过程中的具体困难而获得相应的报酬；另一方面，企业因为工作室帮助其解决了实际问题而愿意投资工作室。这不仅有助于学校将其所掌握的理论知识用于解决企业生产过程中的实际问题，而且有助于学校和企业的密切合作。

产学研一体化并不意味着这三者的地位完全相同。结合我校建设教学实践型学院的宗旨和实际情况，工作室产学研结构体系建设要坚持以“产”“学”为核心，注重与企业合作，加强科研拓展。产学研相结合，强有力地锻炼了学生的动手能力，而且是让学生提前接触企业的最佳途径。学生通过在企业实习，体验设计作品转化为产品的过程，直接面对产品设计的方方面面。深入了解生产实践与理论知识的内在联系，避免纸上谈兵，为今后的产品开发打下坚实的基础。“研”是“学”的深化，是进一步锻炼学生科研攻关能力的重要动力，学生通过研究课题或研发产品，逐步培养发现问题、思考问题、解决问题的科研能力，为日后进一步深造或者从事科研工作打下良好的科研基础。

工作室教学模式的最终目的是为国家经济发展、地区产业升级培养复合型人才。无论工作室教育模式的实施方式如何，其核心问题始终是培养和锻炼学生的实践能力。工作室教学模式培养的学生不仅具有扎实的理论基础，而且具有较强的综合实践能力。

三、工作室的角色

高职院校开设工作室的目的是通过实践项目培养学生的实践能力。高职院校的工作室承担着内部和外部两种不同的角色。对内工作室承担着培养学生的教育任务和科学研究、技术攻关的科研任务，对外承担着为工作室可持续发展获得更多资金与企业支持的任务。

1. 对内角色

工作室的主要任务是提高学生的实操能力，培养学生的综合实践能力，促进实践教学，协助解决学科重点、难点问题。工作室教学模式通过教学实践技术研究、学科问题探讨、学术观点交流、科技创新研究等纵向研究方式与课程教学的融合，将学生学习的实践环节与工作室学科教学相结合，在实践中提高学生的动手能力，进而解决学校学科的重点、难点问题。

2. 对外角色

工作室的外部任务是高职院校的外部科研服务机构。通过多渠道宣传，提高社会影响力，通过承包横向项目获得相应的项目资金。同时，工作室教师通过承接的企业项目或课题，具体包括产品设计与开发、企业生产管理与公司治理、品牌策划与管理咨询、技术问题解决等方式带领学生参与课题研究、技术项目等社会实践，极大地提高了学生的实践能力。工作室在承担项目或课题过程中不能有损学校的声誉，必须遵循学校的相关管理规定。

四、运作模式

工作室教学模式的良性发展离不开工作室运作模式的研究，结合目前国内外成功的工作室运营经验，笔者总结了以下四种模式。

1. 企业合作模式：进行一对一产品开发

企业合作模式在解决了工作室运营自身问题的同时，还解决了工作室学生的实习场所问题，这是产教融合实施最有效，也最直接的模式，更是工作室成立之初最受推崇的模式。高等职业教育院校通过工作室模式与企业合作开发产品，不仅可以使学生直接参与到产品从研发到生产的整个过程中，还可以直接体验到自己参与设计的作品转化为产品所带来的快乐，激发学生的自我认同感和价值感。学生通过直接参与自己的设计作品商业化，清晰并深刻地感受产品设计与商业设计的区别，有助于学生明确认识到自己设计的不足，从市场实践角度更准确地把握消费者心理，提前完成从学院派到实用主义的转变。

职业教育院校开展工作室教学模式固然有众多优势，但是不可避免地使工作室与企业产生了一对一的依附关系，职业教育院校的工作室无形中成为企业外部产品设计部门，与企业合作关系密切，但是一旦这种合作关系出现危机，对学校工作室的影响将是致命的。因此，为了避免上述情况的发生，采用这种运行模式的工作室需要积极拓展业务，加强与多家企业的紧密合作，分散工作室的经营风险，不断提高工作室在业界的影响力，谋求工作室的可持续发展。

2. 设计工厂模式：自创品牌、自主研发

设计工厂模式最早发源于西方国家的创意产业运动。设计工厂模式主张产品的设计与创业都必须服务于民生产业的生产要素，只有被产业化的设计和创意才是成功的商品，它更注重设计作品与商品的关系。这种模式的工作室拥有自己的品牌，完全具备产品开发和量产的能力。所以，这种模式对工作室的硬件和软件都有比较高的要求，实施的难度也比企业合作模式大得多。当企业合作模型成熟时，可以转换为该模型。

3. 产品研究模式：针对产品及设计要素开展研究

产品创新最根本的要素是设计创新，通过创新设计元素的生成和组合，产生创新产品。通过对设计元素的深入研究，形成对产品设计方法、产品设计元素的管理及产品与设计元素关系的研究成果，并将这些研究成果应用于商品设计与实际生产中，更好地指导企业生产实践活动。

产品研究模式对教师和学生都有很高的要求。工作室负责人必须是具有较高专业学术背景的教师，扮演学术带头人的角色。在选拔学生时，更加注重学生的思维能力和学生对未来发展的规划。只有其有一定的思维能力，将来想从事产品研发的学生，才可以参与其中。当然，这种模式的最大缺点是经济效益比较慢，运行周期比较长。特别是资金不足给工作室带来的巨大影响，使工作室很难在短时间内实现自给自足。

4. 整合模式

无论是校内工作室还是校外工作室，都具有双重身份，其独立性也是相对而言的，职业教育院校的工作室培养模式若想持续有效地进行下去，上述三种模式是不兼容的，可以分开进行，这三种模式整合后更符合高职院校的实际运作。在这种整合模式下，工作室教学模式更适合在前期教学中以辅助教学的形式开展。教师利用课余时间在工作室开展各种工作。工作室的工作包括以下三个方面：

（1）承接企业项目

企业的真实项目是工作室教学模式系统运作的前提。工作室通过与企业合作真实项目，使学生可以提高动手能力，并且保障工作室的资金收入。在项目开展过程中，工作室教师负责组建项目团队，带领学生进行项目运营。在实际操作中，教师和学生边学习边工作，不断熟悉企业、行业和市场的运行机制，为企业提供直接有效的帮助。在没有真实项目的情况下，工作室教师可以以项目模拟的形式对学生进行训练，根据行业规范和企业实践操作标准对学生进行培训，使学生提前进入实际操作状态，有助于学生在承担真实项目工作时尽快顺利完成任务。

（2）对学生进行课外辅导

传统教学课程安排受学分与学时的限制，不可能完全满足工作室实际业务需要，这就要求工作室教师作为“导师”对学生进行特殊的专业指导。

此外，每年国内外还有许多各种各样的比赛。工作室教师要积极鼓励和引导学生参加各种比赛，让学生在参赛过程中体验创作的乐趣。

（3）定期申报涉及学科前沿发展和解决产品技术实际问题的课题或科研项目

工作室教师通过让学生参与课题研究或者科研项目，激发学生对本学科知识疑点、难点、新技术、新材料、新工艺的研究兴趣，培养学生对实际问题的深入思考能力，为进一步学习打下基础。

整合模式下的工作室开展课题研究或者项目与深入企业调研是交替进行的，这有助于培养学生的专业素质。同时开展，相互促进，实现真正意义上的产、学、研相结合。随着整合模式运作的逐步成熟，工作室教学与课程教学紧密融合，最终实现从辅助教学向主导方向的转变。

学生通过参与工作室教学，有效地提高了综合专业技术能力和实际操作能力，这是工作室教学模式对高职院校实践教学的有益补充。但就现阶段而言，我国工作室培养模式的建设与发展还处于探索阶段，以工作室为基础的教学模式在未来的教学实践中会不断得到完善和发展。

五、工作室创新创业人才培养模式实践

（一）工作室创新创业人才培养模式

工作室人才培养模式在现代职业教育中已经得到了广泛应用。但由于专业不同、经营管理体制不同、环境和地区差异等因素，培训对象和培训效果不尽相同。目前，如何完善工作室模式以适应新形势，以及新需求下的人才培养模式显得尤为重要。

1. 一般工作室模式

目前，我国职业院校的工作室教师以专业讲师为主，以少量相关专业学生参与为辅。工作室在专业讲师的主导下开展学校与企业、行业组织等机构的专业课题或项目。工作室通过各种课题或项目的实践，培养出一批又一批符合社会需求的应用型人才，他们在毕业后能够直接满足企业的工作要求。传统的工作室教学模式下，参与的学生数量比较少，学生综合素质比较高，学习目标

明确，学习氛围浓厚，教师的教育方式相对比较灵活，是一种精英化的教育形式。

2. 创新创业工作室模式

创新创业工作室模式与传统工作室模式的主要区别在于：创新创业工作室模式将教学参与主体转变为学生；参与创新创业工作室的学生不再局限于某个专业的学生，而是积极鼓励更多不同专业的学生参与进来，打破原有的人数限制；创新创业工作室参与的实际项目不再局限于一个固定的专业方向，而是向多个专业交叉发展；项目内容以学生兴趣为主，导师的指导和辅导为辅。学校从提供简单的硬件设施、提供教师指导转向提供创新创业平台，提供创新创业氛围、提供创新创业制度保障，最大限度地激发学生的自主学习热情和思维碰撞热情。

3. 工作室模式创新

随着现代互联网技术的快速发展，企业对人才的需求也从专业化、职业化向多功能、复合化、创新型转变。为了适应社会新的发展需求，工作室模式也需要在体制和运行机制上进行变革，在教师团队建设、学生管理、项目选择、合作方式、考核评价等方面进行前瞻性的探索和实验。在学生学习能力、专业能力、创新能力等综合素质的教育教学方法上不断实践。同时，要不断突破高校与企业和社会之间的壁垒，搭建有效的校企创新创业平台，为人才培养和学生的个性化发展提供良好的条件。

（二）“工作室”创新创业人才培养模式的实践

目前，我国大学生的创新创业意识和实践能力还存在明显的不足。此外，创新创业所潜在的经济风险、家庭风险、社会风险在一定程度上也阻碍了大学生创新创业的热情。而以工作室为基础的创新创业人才培养模式在风险控制方面很好地解决了这一难题。

1. 工作室的组建与目标

工作室的组建是以产业发展方向和市场需求为导向的，将工作室作为创新创业人才培养的平台，实施创新创业人才培养计划，注重人才实践能力的提高，加强应用性技能和创新能力的培养。本文以本校工作室实际组建情况为例，本校某工作室从在校的软件专业、云计算、电子信息、信息化管理和网络等各个专业学生中选拔了一批品学兼优、学有余力和创新潜力的学生，由具有丰富企业实践经验的教师协助，引导学生自主成组，积极参与企业实践项目开发，参加国家级竞赛和企业服务等活动，激发学生的创新创业兴趣，提高学生的创新创业实践技能。

2. 工作室的管理方式

对于参与工作室教学模式的学生从入学第二学期开始，每学期进行人才选拔和淘汰。培养期为两年，在专业领域基本覆盖了计算机所有相关专业，同时结合企业人才的实际需求进行了不同职业岗位培养的规格设计。

工作室采用企业化的管理方式，包括以下五个方面：

① 将参与工作室培养模式的学生划分为若干个小组，每个小组设置一名组长，可轮换。组长负责组织、管理工作室的日常活动。

② 以学期为时间单位，通过任务驱动的方式，每个小组承担若干项任务，以学生为主、导师为辅的模式讨论实现步骤，制定验收标准，严格按照要求完成任务，并记录材料和测试用例结果，供后来者学习。

③ 小组中每个同学每周都要对本周工作进行进度总结，整体复盘一周的任务完成情况和具体工作进度，延迟的原因，提出改进建议或解决方案，以及下周要完成的任务细节。

④ 除节假日外，每周组织一次学生例会，由组长主持。小组的每个成员都讲述自己的工作进度。每个参加例会的成员轮流讲述技术经验、演示成果、存在的问题、遇到的技术“瓶颈”，也可以邀请组外人员参加。

⑤ 工作室的项目来源可以是多样的，既包括学校的自主研发项目，也包括校企合作项目，还包括工作室教师安排的其他科研任务，同时包括全国及各省的创新创业大赛项目。

在工作室内组建竞赛组、开发组、服务组等团队，通过实际项目开发、创新创业、参加各类技能比赛等方式，提高学生的创新创业能力，培养学生创新创业意识和为社会服务意识。

3. 项目制管理

工作室培养模式的项目制管理的主体是参与的学生，指导教师只发挥辅助作用，工作室是加强学生与企业导师交流和合作的平台。工作室以开展课题或项目为切入点，组建具有丰富实践经验的导师团队，指导学生的具体项目实施与开发实践。工作室每学期对参与工作室教育模式的学生进行考核，考核指标主要包括学习态度、技能考核、工作贡献等，通过有效的淘汰机制开展招新工作，严格考核，灵活管理，充分调动学生的学习自主性与积极性。

（三）工作室创新创业人才模式实践总结与分析

目前，我国的工作室人才培养模式是以精英人才地方培养为基础开展的，虽然操作时间还比较短，但起到了带头作用，激发了很多学生的学习兴趣，发现了一批有自主能力的学生。虽然高职院校工作室培养模式的运行存在诸多困难，如工作室的运行考核机制尚不成熟、多方合作的沟通合作不够紧密、校企合作平台的作用和潜力亟待发挥等，都需要在实践中进一步探索和寻求解决方法。

第二节　产教融合特色之路：特色专业学院

“互联网 +”时代背景下，共享成为一种趋势，本文通过对校企共建特色学院精准育人模式的分析，提出了华浔特色学院精准育人模式的实践探索，以期为高职人才培养提供参考。

以现代学徒制培养为重点的华浔特色学院的构建，重点考虑的是校企合作模式下的校企共赢，充分发挥学校的教学资源以及企业的实践能力，以高职培养理念为核心，将学生的职业能力培养、职业素养的提高作为重点来进行，贯穿于职业教育全过程。

一、校企共建特色学院精准育人模式的意义

校企共建特色学院，精准育人模式的出现，对于学校、企业、学生三方来说都是有利的，具体如下：

学校方面：可以通过精准育人，及时了解市场要求，调整教学目标，培养出更加适应企业要求的高技能高素质人才，同时提高教师的业务水平和专业能力，大大降低教学成本。

企业方面：可以针对岗位需求，选拔一批认同本企业文化、具有较高实践能力的员工，为企业的发展储备人才，对于企业来讲，这是一种无形的宣传方式。

学生方面：不仅能够提升自己的专业知识和岗位技能，而且毕业就能找到专业对口的工作，实践动手能力比同期其他学生更强，职业素养也更高，为今后顺利走上工作岗位以及获得更好的职业发展打下坚实基础。

二、校企共建特色学院精准育人的人才培养模式

《教育部关于开展现代学徒制试点工作的意见》（教职成〔2014〕9号），指出要根据不同地区行业特点、企业特点和人才培养要求，因地制宜开展实践、学历证书和职业资格证书获取、资源建设与共享等，积极探索实践实现形式，形成特色。

1. 基于岗位需求的人才培养目标

人才培养方案必须依据企业的岗位需求以及岗位能力要求来制定，要明确学生未来可能从事的岗位是什么，这个岗位需要什么样的能力，这个岗位需要的核心能力又是什么。要清楚知道这些，企业的指导老师必须参与其中。特色学院就是以公司的设计总监担任主讲教师，同院校的专任教师在项目调研的基础上，共同研发课程，共同开展岗位能力研究，确定与岗位实际需求相适应的基本素养、基本能力和核心竞争力，制订符合企业发展实际需要的、科学的人才培养目标和人才培养方案。

2. 根据岗位需求构建新的课程体系

院校与公司合作建立的特色学院，要严格按照企业所需人才的岗位需求，根据行业规范、学校的办学特色以及学生对于知识的接受能力，综合多方因素共同确定所对应岗位能力的基础课程、主要课程及核心课程。在此基础上，重新构建具有职业发展特色的教学体系，将素质教育及企业文化融入日常教学中，进而构建全新的、适应岗位需求的课程体系，使学生不仅学到科学完善的知识理论体系，而且夯实了实践及动手能力。

3. 采取项目制教学，根据企业要求设计符合标准的课程模块

根据现代学徒制的教学要求及企业对应岗位能力的要求，针对高职学生的个性化特点，把培养学生的综合职业能力与职业素养作为教学重点，把提高学生的就业技能作为教学目的，按照企业所要求的职业岗位能力，华浔特色学院针对室内设计专业开设的华浔品味装饰特色学院的学生制定了若干课程模块。将每一门课程分解为若干个项目，再将每一个项目分解成若干个任务，每一个任务都针对一定的岗位技能，让学生根据自己的职业规划自由选择需要重点学习的项目，使学生学的每个项目都更有针对性，更有助于发挥自己的优势。

4. 改革考核模式，以动态考核为主

将公司的企业考核机制融入学生的考核中，让学生在大学期间就有一种企业工作的紧迫感，毕业后能够更快地融入工作。这种综合性考查模式与传统的应试型考分模式有很大不同，取而代之的是动态的、更加注重过程的考核体系，可以让学生不再被学分所禁锢，而是将学习重点放在如何提高职业能力和职业素养方面，不再只注重考试与考查内容，特别是要加强学生实践动手能力的培养。

授课教师和企业兼课教师可以共同对学生的课程进行考核，使考核更人性化、更能达到高素质高技能的高职人才培养要求。对于学生的考核，以学生的出勤、学习态度、专业素养等方面来决定，这种动态的考核模式，可以大大提高学生的学习主动性和学习效率。

三、特色学院精准育人模式的实践探索

1. 共建课程

特色学院的所有课程，在准备阶段，任课教师会与企业兼课教师多次沟通，依据企业所需的岗位职能，对应制定相关课程的课程标准、教学任务、项目安排、任务分解等方面充分交换意见；同时对课程讲授过程中可能会遇到的问题以及如何解决这些问题等准备解决预案。课程实施阶段，根据企业对于人才所需要的专业能力，确定理论内容和实践项目，为企业量身定制所需人才，由学院教师负责理论知识的讲解，企业兼课教师负责项目的实践教学部分。

2. 共建奖学金

为了加强校企友好合作，促进学校学风建设，推动教育事业及人才发展，在保证培养学生基本素质的前提下充分激励学生认真学习、刻苦钻研、积极创新，同时为了促进公司的品牌建设及高素质人才梯队建设，继而加深特色学院学员的归属感，华浔设计公司在我院设立了“奖学金”，旨在激励广大学员的学习积极性，营造良好的学风，培养学生成为高素质、高技能型的专业人才。

3. 共建图书专柜

为了提升学生的专业能力、激发学生的自学能力，同时为了提升公司的品牌效应，公司为我校学生提供了专业的设计类书籍上百本，专门设立了“图书专柜”，为室内设计学生打造了一个针对性更强、学习内容更精准的学习空间，得到了师生的一致好评。

4. 共建实训基地

公司斥巨资，与院校共同建设了实训工场，包含材料、施工工序、施工详解等内容，学生可以在实训工场动手实训，将理论与实践充分结合，达到高素质高技能的要求。

高职院校的人才培养，在党的二十大精神的指引下，以“十四五”规划发展为契机，以校企共建、精准育人为引领，实现校企共赢，使校企合作更加深化，将解决学生的就业问题与实现人才的高质量发展作为高职院校培养高素质、高技能人才目标，促进我国职业教育人才培养质量的提高。

四、“特色学院”建设的政策建议

“特色学院”建设尤其特殊的历史背景，需要结合当时当地的历史沿革、社会经济发展特点、地区产业发展趋势等多种因素，为经济社会发展培养符合时代需要的人才。“特色学院”建设始终从我国高等职业教育实际情况出发，充分发挥高职院校的专业特色，走特色办学之路。

1. 充分利用高职院校现有办学资源和专业优势

“特色学院”建设不鼓励大张旗鼓进行大规模建设，大肆占用耕地，新建教学楼，而是充分利用现有的教学设施，通过整合院校、企业、科研院所等社会资源，发挥高职院校的办学特色和办学优势。

2. 坚持合作办学机制

要办好“特色学院”，仅仅依靠高职院校是不够的，还需要整合多方资源走合作办学之路，特别是整合科研院所、行业协会、优质企业等多方资源对于“特色学院”建设的成败至关重要。

3. 坚持“专”“精”“特”“新”的建设道路

“特色学院”建设不在于大而全，不应只追求规模效应，而应注重办学品质，明确办学定位，重点培育新兴行业急需的高级专业技术人才，走“专”“精”“特”“新”的高端人才培养路线，而不是传统的一般学科建设或基础学科人才培养。

五、“特色学院”实例分析

2017 年 12 月，《国务院办公厅关于深化产教融合的若干意见》进一步强化了产学研融合的重要性和紧迫性，推动教育链、人才链、产业链、创新链有机衔接。进一步深化产教融合已成为职业教育体制改革的必由之路。在完善现代职业教育体系过程中，在深化产教融合、加强校企合作方面，如何从地方经济社会发展的实际需要出发，加强地方特色和办学特色，将职业教育发展与相关产业的转型升级关联起来，探索产教融合新途径，已成为我国当前职业教育改革创新的重要举措。

（一）“三位一体”产教融合的基本模式

“政、行、企、校”是产教融合重要的参与者，它们组成目标共同体，在市场机制的作用下，以多方合力共同推动产教融合在现代职业教育进程中不断深化。只有参与产教融合的各方都以利益共赢为根本目标，才能通过构建合理的机制来保障各方利益，从而实现相互依存、相互作用、相互促进的螺旋互动。

高职院校肩负着为地方经济转型升级和区域社会发展培养高层次应用型人才的根本任务。促进新技能、新技术在区域社会经济发展中的应用和推广，以教育的力量推动经济社会的整体建设和进步，为区域各类专业技术人才的继续教育提供培训服务，是高职院校的基础任务。

国家各部委在职业教育发展过程中，特别是在产教融合过程中采取了一系列措施。2018 年 2 月，教育部、国家发展改革委、工业和信息化部、财政部、人力资源和社会保障部、国家税务总局联合印发的《职业学校校企合作促进办法》肯定了产教融合工作在职业教育发展过程中的重要作用，尤其校企合作是现代职业教育的基本办学模式，更是办好现代职业教育的关键。2019 年 10 月，国家发展改革委、教育部、工业和信息化部、财政部、人力资源和社会保障部、国资委发布了《国家产教融合建设试点实施方案》，宁波市、青岛市、深圳市被列入首批省、自治区、直辖市和计划单列市全国产教一体化城市试点建设范围。其中，宁波市是目前唯一一个由教育部批准的国家级职业教育与产业协同创新试验区。宁波市职业教育在产教融合方面有一套比较成熟的制度、模式与路径，基本形成了产业指导委员会和产业学院，特色高职院校“三位一体”基本模式与产学研合作联盟接轨。例如，当地旅游局、教育局和职业教育院校联合成立了特色学院，深化“三位一体”模式。通过产学研的深度合作，加速满足当地对旅游相关专业应用型人才扶持当地旅游经济持续快速发展的需求。

1. 建设行业、职业教育指导委员会

由教育主管部门或行业主管部门牵头成立行业、职业教育指导委员会，同时由职业教育院校、行业组织、重点合作企业共同参与建设具有鲜明特色的行业、职业教育指导新机制。例如，上文中宁波市成立的特色职业教育学院，其中，当地原有旅游学院承担秘书处的工作，充分发挥行业、职业教育指导委员会对现代职业教育的指导、评估和服务作用，对职业教育院校进行指导。对接相关特色产业，加强对专业人才定位、培养目标制定、培养计划实施的指导，加强对专业课程建设的指导。

2. 共建企业学院

上述案例中提到的宁波市当地旅游学院通过与知名旅游公司的合作，校企共建企业学院，使学校和企业形成利益共同体，强化了校企办学的双重主体，形成了学校、企业、社会三方共赢的局面。充分利用高职院校和特色企业的现有资源，在法人学院治理、学生资源、资金来源、就业等方面，特别是在产权主体和治理结构等方面实现创新和突破。各学科之间相互融合和相互渗透。通过企业学院共建，提高办学质量，突出办学特色，培养适应行业和企业发展需要的高素质应用型人才。

3. 成立产学研联盟

宁波市与政府、行业、企业、学校等相关机构建立了产学研联盟，并以现有旅游院校为联盟基地，本着"优势互补、资源共享、共同发展、互利共赢"的愿景，不断提升产学研融合、校企合作的水平和深度。产学研联盟在宁波市政府有关部门的指导下，特色企业与旅游院校按照平等互利的原则，建立一体化的综合性、区域性、多功能、非营利性的战略合作联盟，共同为企业培养所需的应用型人才。

从2016年2月起，宁波市政府、行业、企业与职业院校通力合作，通过深化校企合作，结合"三位一体"产教融合模式，率先在全国建立了10所重点职业教育院校，在治理结构、人力资源管理、教育国际化等方面取得重大突破。"三位一体"产教融合办学模式的实施，使宁波市职业教育院校在办学目标、办学特色、服务区域经济社会等方面极大地促进了当地旅游学院的发展。

（二）"三位一体"产教融合创新的内涵

宁波市"三位一体"产教融合发展模式依托当地旅游局和教育局的政策措施，通过联盟中高职院校与企业的合作创新，为校企合作提供政策支持。"三位一体”特色办学模式构建了宁波市职业教育院校内外多主体性相结合的人才培养模式，极大地促进了当地校企多层次合作，对于推动校企合作、产教融合的创新性探索有重要作用。

1. 发挥政府主导和行业指导作用

政府部门制定促进职业教育校企合作的条例，出台和完善产学研结合的相关政策法规和措施，并在财政、税收等方面给予大力支持，对于深度参与产教融合的企业给予一定的表彰和奖励，以此来加强政府部门对当地职业教育院校校企合作的支持。明确政府部门、行业协会、企业、院校在校企合作和产教融合中各自的权利与义务，充分发挥经济手段在校企合作中的调节作用，同时发挥政策手段在产教融合中的监督作用，进而调动企业在校企合作中的共同办学主体的积极性，行业协会在校企合作、产教融合中主动发挥行业指导、评估与监督作用，实现推动职业院校不断优化专业结构和人才培养模式的目标。

2. 强化企业主导作用

高职院校通过深化校企合作理念，加强院校的多学科合作，形成专业密集的校企合作模式，强化高职院校在校企合作、产教融合过程中的主体作用。企业学院制定具有可操作性的校企合作、产学研一体化管理运营体系，建立合作机构，明确责任和权利，保障多方利益，形成校企深度合作、产学研一体化的长效运行机制。支持职业院校加强与企业合作，以多种方式推动校企合作，加强企业深度参与职业院校的专业设置、人才培养目标的制订与执行、课程体系设计、产学研一体化教学的教材研发、联合建设实践实训基地等，打造校企融合的“双主体”办学模式，推动职业教育院校全面实施面向企业实际生产环境的现代学徒制人才培养模式。

3. 推进产教协同育人

高职院校通过产学研联盟加强与地方政府、行业组织、企业的深度合作，深入研究分析现有产学研联盟机制运行中存在的问题，并制订有效的解决方案。职业教育院校以行业、专业为纽带，推进特色专业建设，依托行政部门、行业组织、品牌企业、相关教育机构和专业，牵头形成不同专业门类的产教联盟。以产学研联盟为平台，构建学校、专业、教师、行业、行业组织、企业、岗位的多层次对接机制，使学生的专业能力和专业素质不断满足行业和企业的发展需求。建立产学研联盟平台，发挥产学研联盟的集聚效应，凸显产业聚集的整体优势，不断推动“政、产、企、学”的良性互动，深入探讨产学研协同教育模式的现实意义和实施价值。

4. 提升社会服务能力

高职院校可以通过产教融合的“三位一体”模式，强化区域经济发展的突出优势，促进区域产业转型升级。依托产学研联盟资源，打造优势突出、特色鲜明的项目实施团队，为产学研融合项目实施提供最佳的人才支持。此外，通过产教融合工程的指导，加快教师综合专业能力和专业素质的提高，鼓励学生在实践中创业或就业。

（三）“三位一体”产教融合创新实践

经宁波市旅游局、宁波市教育局批准的“宁波旅游学院”于 2004 年 10 月在宁波职业技术学院挂牌办学，由宁波职业技术学院所属旅游学院负责具体工作的落实。宁波旅游学院的成立，意味着建立了产学研结合的实践平台，形成了一个全新的“产学研合作共同体”。通过“产学研合作共同体”的有效运营，实现了职业教育院校与当地产业发展的协同创新，将职业教育深度融入当地旅游行业的发展，以选择校企合作的合作单位为切入点，科学规划校企合作、产教融合项目，整合院校与企业的多方资源，实现产教融合资源的多维螺旋互动上升。宁波旅游学院利用与宁波市旅游局的密切关系和有效合作，在校企深度合作、产教高效融合方面进行了多次有益尝试，并取得了显著的成效，同时积累了大量的实践创新之道。宁波职业技术学院凭借产教融合的成功经验和示范效应，2018 年被评为“国家旅游局旅游职业教育校企合作示范基地”。

1. 政府主导，搭建产教融合合作平台

2011 年，宁波旅游学院从服务地方经济发展、增强办学实力的战略高度出发，本着院校、专业、教师、行业组织、企业、岗位多层次对接的原则，率先建立了“旅游会展产学研合作”。根据宁波市旅游产业转型升级的迫切需求，产学研联盟积极配合宁波市当地产业发展要求，深度参与校企合作、产教融合，得到了宁波市当地旅游产业的大力支持。宁波市旅游局、宁波市教育局先后批准成立了旅游产业职业教育指导委员会和旅游学院，通过搭建校企共建平台，构建了校企深度融合的有效办学机制。政府机构和行业组织积极在旅游学院建立宁波人才交流中心，为学校招生、就业和企业招聘提供了一条高效可靠的渠道。

2016 年 11 月，宁波市旅游局启动“金牌导游、特聘导游”培训项目，同时宁波市旅游局委托旅游学院开展旅游专业人才选拔、培训工作，就该项目旅游学院完成了 10 名金牌导游和 15 名特聘导游的选拔和培训工作。2017 年 5 月，宁波市 10 名金牌导游、15 名特聘导游加盟旅游学院，并成立了“宁波黄金导游大师工作室”。黄金导游大师工作室与地方品牌旅行社进行产教深度融合，满足地方旅游业发展的人才需求和智力成果，充分发挥黄金导游在学员培训、技能提升中的重要作用。在行业机制传承方面，借鉴了“传帮带”导游人才培养模式，有效提高了该校导游专业人才培养质量，同时对其他职业教育院校有关专业产生了辐射作用，在很大程度上提高了当地导游队伍的整体素质，更为宁波市乃至整个江浙地区的休闲旅游产业的发展提供了强大的人才支撑和后续人才储备。

2. 共建企业学院，实施“现代学徒制”人才培养模式

2017 年 4 月，旅游学院和当地某知名酒店集团就产教融合人才培养模式达成合作。旅游学院出资 100 万元，酒店集团出资 200 万元，以混合所有制形式共同创办了一所企业学院，也就是酒店管理学院。在出资方式上，双方共同投资建设；在院校管理上，双方共同成立理事会，建立了在理事会领导下的院长负责制，创新提出了“校中店”“店中校”的人才培养新模式；在培养方式上，推行招生即招工的双导师指导学习制。入学后一年半以内在校完成通识课程及专业基础课程的学习，接下来 6 个月在公司开展学生工作作业，最后一年完成以管理培训为主要内容的“跟岗 + 顶岗实习”，全部课程完成并顺利毕业后，大约有 85% 的学生成为该酒店集团的基层管理者。在酒店人才标准和人才培养方案的设计上，旅游学院与酒店集团联合参与人才标准的制订，充分结合企业发展需求和学生就业岗位需求，积极开发新课程，不断更新迭代人才培养方案，优化实践课程，按照企业岗位的实际需求，重新构建“课岗一

体”“企业主导”的课程体系；企业导师的专业水平决定了他们带领学生的津贴，提高了“双师制”带领学生的积极性，制定了“双师双能力管理制度”，开展“双师双能力”相关培训。建立专业与兼职相结合的双技能教师队伍；探索由企业制定的“现代学徒评价监督办法”，打破传统的教师绩效考核机制，制定与培养符合学生职业发展的专业能力和专业素质的评价机制，制定由专职教师、企业导师、团体和学校共同评价的教育评价标准，形成“教、学、做”一体化评价体系。学生从入学到毕业，达到学以致用的目的，从根本上解决就业问题。

2017 年 3 月 11 日，宁波旅游学院就高端服务业专业人才培养模式与中国金钥匙组织、国际金钥匙学院签署合作协议。宁波旅游学院成为我国首批与国际金钥匙学院签约的职业教育院校，并开设了金钥匙模块班级，班级人员定额为 20 人，国际金钥匙学院与中国金钥匙组织宁波地区执委会合作，选择优秀金钥匙会员担任企业导师，国际金钥匙学院与全国 6 所合作的职业教育院校共同研发教材，开创了我国高端服务业专业人才培养新模式——现代学徒制模式。

企业学院下的现代学徒制人才培养模式是创新我国职业教育理念与行业需求的充分融合，也是教育服务行业发展和服务本身创造价值的充分体现。

3. 发挥教育合作联盟的产学研相结合的作用，开展对学生职业素养的校企认证

2011 年，由宁波旅游学院牵头成立的“旅游会展产学研合作教育产学研联盟”是进一步提升政府部门、行业组织、企业、院校合作的有效载体和平台，围绕“旅游会展人才职业素养培养”等主题开展行业研究与产业合作，在产学研联盟内部，对职业院校毕业生开展职业素养校企认证。宁波旅游学院在学生入学后前两年率先开展学生专业素质培养项目，在入学后第三年开展顶岗实习项目，宁波旅游学院利用联盟内企业、旅行社、景区、服务机构等合作实习企业，进一步落实职业院校学生职业化的人才培养目标，由宁波旅游学院牵头联盟内成员单位共同组建认证机构，当地旅游行业协会参与认证，并负责制定认证标准、培训大纲和评估方法。对于通过“学生职业素养联盟认证”的学

生，在其就业过程中联盟成员均认同其职业素质水平，并在薪酬待遇和职位等级上给予体现，充分发挥产学研合作教育联盟的功能。

4.提升社会服务能力，参与宁波全域旅游业建设

宁波旅游学院通过创新职业教育新模式服务地方经济发展，实现了从“学校按能力提供服务产品”向“学校按需求提供服务产品”的转变。根据宁波市当地行业发展现状与现存问题，并结合当地产业发展的人才需求，宁波旅游学院与宁波当地多所高校合作，共同组建了酒店星级点评服务团队、旅行社星级点评服务团队、旅游策划团队、会展策划团队、乡村全域旅游指导团队五大指导团队，协助各乡镇不断挖掘当地的历史民俗文化，通过推动学术研究成果的实践转化，加快当地农业产业与旅游业融合发展的步伐，统筹全域旅游业的发展，将旅游业的发展与当地乡镇建设深度融合，不断提升当地旅游业的整体发展水平，提高当地企业的市场竞争力，带动行业经济发展，提升当地经济的整体竞争力，为当地产业经济发展的转型升级提供源源不断的科研成果与人才资源。

宁波旅游学院积极协调与当地行业协会的合作关系，谋求与行业组织的共同发展，为旅游学院的校企合作不断拓展社会服务渠道、服务能力和服务范围，帮助行业协会研究行业发展趋势，发布行业发展报告。同时，通过与当地乡镇政府签订合作协议，聘请美丽乡村顾问，派遣乡村教官协助民宿、客栈改善和打造美丽乡村，对农家乐、民宿业主等旅游新业态从业人员进行专项培训，从而提高宁波市的全球旅游产业的人才素质和专业能力。通过一系列校企合作措施的实行，进一步促进职业教育人才培养模式与地方产业发展相结合，极大地提升了宁波旅游学院服务当地经济发展的效能与辐射范围。

“三位一体”校企合作、产教融合特色办学模式是政府部门、行业组织、企业、院校实现产教深度融合的新探索，这在很大程度上实现了当地有限资源的高效共享，更是合作共赢的经典体现，同时也是我国高等职业教育改革的一次重要探索，这对于提高企业参与办学的积极性有重要推动作用，更是我国复合型、应用型人才培养模式改革的有效实践。在产学研“三位一体”的实践中，宁波旅游学院积极探索促进校企合作的长效机制，遵循市场经济发展规律

和满足当地人民日益增长的物质文化需求，根据产业发展变化和企业发展需要及时进行调整。丰富产教“三位一体”融合内涵，充分整合政、产、企、学优质教育资源，有效平衡多方利益，确保宁波旅游学院办学特色可持续发展。

第三节　产教融合之路：现代产业学院

一、现代产业学院概念

现代产业学院采用混合所有制合作办学模式，教学设备、设施通常由高职院校、地方政府、行业协会和企业等多方投资或捐款形成，既有效缓解职业教育资金紧张的局面，又有利于提高教学设备、设施利用率。

以区域产业发展的急迫需求为切入点，面向行业特征明显、与地区产业经济发展联系紧密的职业教育院校，特别是应用型职业教育院校，优先建设一批现代产业学院。在此基础上，高等职业院校应将办学的着力点集中于对地方经济发展有重大推动意义的专业人才培养上，将办学目标与当地产业发展相结合，不断优化专业结构，突出办学特色，提升办学实力，探索职业教育、产业发展与创新创业的有效衔接机制，建立人才资源、教育资源、物质资源、科学技术等多维资源共享新型办学机制，构建校企合作、产教融合的协同教育发展理念，创新企业导师聘任机制，构建职业教育与产业集群有机结合发展的协同机制，着力打造一批集科学研究、技术创新、人才培养于一体的学生就业创业、企业服务提升等功能的示范性人才培养基地，为我国新时代职业教育院校的改革和发展提供一种可复制和可推广的新模式。

现代产业学院建设意义：

① 着力培养适应现代产业发展的高素质应用型、创新型、复合型人才。

② 推动职业教育院校专业分类发展、特色发展。

③ 扎实推进工程新学科建设，统筹推进工程新学科与农、医、文融合发

展，全面推进多学科融合发展，深化、拓展并全面提升复合型、应用型人才的培养能力。

④ 深化产教融合，推动高职院校探索现代产业类院校办学模式，充分发挥自身优势，建设特色专业，完善人才培养协调机制，着力培养一大批高素质应用型、创新型产业发展人才。复合型人才为提升区域产业综合性竞争力、持续性、创新性，提供人才支撑和智力支持。

⑤ 产业学院实行"人才共育、专业共建、师资共培、就业保障"的产学合作协同育人机制，极大地提升了人才培养质量和效率。

二、现代产业学院建设指导建议

注重培养适应现代产业发展的高素质应用型、创新型、复合型人才，是职业教育支持地方经济高质量发展的必然要求，也是职业分类办学、特色办学促进高职院校发展的重要举措。为扎实推进新工程建设，统筹推进新工程与农、医、文融合发展，全面推进多学科融合发展，深化、拓展、突破、重来，全面提升人才培养能力。在上述研究的基础上，本文提出建设一批由地方政府、行业组织、企业等共同建设和管理的现代工业学院，具体情况如下。

1. 现代产业学院定义

2017 年 6 月，《新工科研究与实践项目指南》提出，各高职院校要推进高校组织创新，探索建设一批与行业企业共建管理的产业化院校，打造一批教育、培训、科研集团化院校，区域共享人才培养实践平台。产业学院是用人单位或职业教育院校、行业组织、企业、地方政府等机构以培养行业专业人才、企业员工培训、新技术研发、文化传承等为共同目标而构建的集体社会。产业学院是作为职业教育院校的二级学院或在二级学院管理下独立运行存在的实体机构。

现代产业学院是基于对某个特定行业或企业的人才与智力服务，积极引入社会力量参与办学，由政府、行业组织、学校、企业协同共建、共同管理，并引入现代企业管理方式、治理机制、市场化运营机制，创新功能整合的新型职业教育办学模式。

2. 指导思想

深入贯彻落实党的二十大精神，加紧学习全国教育大会精神和“中国教育现代化 2035”重要内容，坚持以德育人为根本任务，把学生发展作为教育发展进步的中心，突破传统教育发展的桎梏，充分发挥各地方行业特色与产业优势，引导企业主动参与职业教育办学，全面深化校企合作理念，共同推荐产教融合项目发展，积极探索我国职业教育院校的发展与转型升级。发挥学科优势，创办特色专业，建立健全人才培养协同机制，培养一大批适应产业发展需要的高素质应用型、创新型、复合型人才，为提升区域产业竞争力、发展新动能提供人才支撑和智力支持。

3. 建设目标

经过一段时间的努力，以区域产业经济发展的急需人才为切入点，面向行业特色鲜明、与产业发展联系紧密的职业教育院校，重点是应用型职业教育院校，打造一批现代产业学院。引导高职院校瞄准与地方经济社会发展重要的结合点，不断优化专业结构，突出办学特色，提升办学实力，探索职业教育、产业发展与创新创业的有效衔接机制，建立人才资源、教育资源、物质资源、科学技术等多维资源共享新型办学机制，构建校企合作、产教融合的协同教育发展理念，创新企业导师聘任机制，构建职业教育与产业集群有机结合发展的协同机制，着力打造一批集科学研究、技术创新、人才培养为一体的学生就业创业、企业服务提升等功能的示范性人才培养基地，为我国新时代职业教育院校的改革和发展提供了一种可复制和可推广的新模式。

4. 建设原则

（1）坚持育人为本

坚持以德育人的根本教育理念，把提升人才培养的专业性、实用性、时代性作为办好现代产业学院的核心任务，积极推动职业教育院校人才培养模式的创新性改革，协同职业教育院校办学与区域经济发展的紧密结合，加快、加大培养符合产业高质量发展和创新需求的高素质应用型人才。

（2）坚持产业为要

现代产业学院要依托学院优势和特色专业，科学定位学院人才培养目标，构建紧密联结产业链、教育链、创新链的专业体系，切实增强人才在推动产业升级和经济高质量发展中的作用。充分发挥学校科技创新能力强、科研成果集中、技术转化快、人才集聚的优势，加强“产、教、研、用”体系建设，强化对服务业发展的支撑作用，促进产业转型升级，培育区域经济，发展新动能。

（3）坚持产教融合

产教融合的一体化教育体系是指将人才的专业化培养、教师专业化与职业化、企业导师制、实训与实践一体化、学生创新创业、为企业提供技术支持与智力服务等相融合的创新性现代办学机制，将新技术的研发、应用与转化集于一体的产学研一体化发展体系。它实现了优势互补、互利共赢，形成动态互动的实体人才培养创新平台，是现代产业院校建设的必由之路。

（4）坚持创新发展

现代产业学院建设需要职业教育院校打破传统管理方式，根据产教融合的实际需要创新学院的管理方式，充分发挥职业教育院校与地方政府、行业组织、企业等多重办学主体的推动作用，加强区域产业、教育、科技资源的统筹规划和多方资源协调，倡导共建、共享的理念。深入探索“校企联盟”“校园联盟”等各种新兴的合作办学模式，积极推动现代产业院校的可持续性、多方共赢的创新型发展。

5. 建设任务

（1）创新人才培养模式

现代产业院校的人才培养模式需要面对区域产业转型升级和区域经济社会需求，这不仅包括人才培养目标与培养方案的深度融合，还包括教学模式、课程体系设计、专业特色、考核机制等方面。根据我国产教融合发展的实际情况，鼓励课程体系的创新与特色发展是构建符合人才培养目标的新课程体系和专业建设新标准的有效推进方式。推进“企业入教”，推进探究式、启发式等教学方式改革，全面创新任务型、项目型、合作型、企业型实践教学等培养模式，促进课程内容与技术发展的紧密结合，教学与生产过程高度关联，人才培养与产业需求深度融合。统筹推进多主体参与办学机制，整合多办学主体的创新要素与办学资源，建立健全校企合作、多方联合办学、产教融合的新型人才培养模式，为区域经济发展提供高质量、高素质的专业人才储备。

（2）提升专业建设质量

现代产业类院校的专业建设要围绕国家和地区重点发展领域，着力推动新型工学与农、医、文融合发展，深化特色专业建设，根据产教融合发展的需要调整专业结构，着力打造特色优势专业，促进特色产业集群发展。建立与地区产业发展密切结合的专业结构，产业学院的专业设置高度契合区域产业链的辐射范围，推进多学科交叉复合建设，实现多产业链与相关专业的网状链接同步快速发展。根据产业发展前沿趋势和新技术发展方向，推进一批应用型职业教育新专业建设，探索职业教育特色专业创新发展的建设路径。推动职业教育院校与行业、企业合作成立专业指导委员会，引入行业标准、标杆企业资源，积极开展国际认证等专业认证，促进专业认证与创新创业、就业的联动发展，提高专业建设的标准化、国际化水平。

（3）开发校企合作课程

教材的编写与课程体系建设引入行业协会和优质企业的参加，不仅有助于重构课程标准，引入更多、更符合市场实际需求的课程内容，而且有助于优化课程结构、专业结构。持续关注行业发展新动向和区域经济新发展，有助于课程内容的加速迭代，进而推动课程设计与行业标准、行业发展方向、企业生产实际过程、项目进展等进一步融合，为推动科技支持产业发展，产业发展反哺科技发展，打造一批产教融合的优质校企合作项目与优质课程提供更广阔的发展空间。校企合作课程还可以依托优质企业的技术创新项目，将企业的科研项目与院校的先进技术紧密结合，借助专业特色创新教学内容，提高综合教学、设计教学、实践教学的比重，使学生主动参与企业的实际生产中，将行业、企业的真实项目和产品作为学生的毕业设计、学校课程设计等实践环节。根据专业特点，采用真实生产线进行沉浸式真人表演、实际操作、现场教学，注重锻炼学生的实践能力，有效提高学生对行业的认知和自主解决复杂问题的能力。

（4）打造实习实训基地

以行业和企业的真实产品、技术和生产流程为基础，创新多学科协同合作模式，构建基于产业发展和技术创新需求的实践、培训和实践教学环境。统筹实践教学资源，充分利用科技产业园、行业龙头企业等优质资源，打造功能集约、高效运作、开放共享的专业或跨专业实践教学平台。通过引进企业领军人才、研发平台和生产基地，建设一批校企融合、产学研用协同发展、集教学、科研、生产、创新、创业于一体的大型实验、培训、实践基地。

（5）建设高水平教师队伍

建设现代产业学院需要有与之相匹配的、健全灵活的现代化产业学院人才建设体系，校企人才双向流动、共建机制，选拔行业组织优秀技术管理人才，企业业务骨干到高校任教，等等。同时实施产业导师专项岗位计划，建立健全企业导师的引进、聘任、认证、续用机制。加强教师实践培训，共建一批教师企业实践岗位，开展校企师资交流、研讨、培训等业务，以建设“双师双能型”教师培养培训基地为目标构建现代产业学院人才体系。校企导师对学生的联合教学、联合指导将大大提高教学实训效果，这有助于推进教师绩效考核制度改革，更有助于提高整体教师教学水平。

（6）搭建产学研服务平台

鼓励高职院校与企业整合多种资源，共建联合实验室或研发中心，发挥高校人才优势，突出特色专业优势，围绕产业技术创新等核心问题开展协同创新，实现高校知识溢出，直接服务于区域经济社会发展。推动科研成果的实际应用和转化，促进产业转型升级。加强校企在产品研发、技术研究、成果转化、项目孵化等方面的合作，构建教研协作机制，共享科研成果转化效益，产生一批科技创新成果，提升产业转型升级的创新发展竞争力。加速科研成果在教学实施中的应用，及时将先进的科研成果传授给学生，不仅促进了科研与人才培养的互动与反馈，而且有助于将先进科研成果应用于企业实际生产中，发挥产教融合的示范效应，提升科研成果的产业服务能力。

（7）完善管理体制机制

构建现代产业学院合作办学的管理机制需要强化高校、地方政府、行业组织、企业等多元主体的协同作用，同时借鉴国外基金会的理事会、国内某些地区的经济发展管理委员会的治理模式，形成多方共建共管的治理结构，使现代产业学院财权、人权、行政权，既分离又相互制衡，构建科学、高效、有力的制度体系。现代产业学院的管理体制建设还需要充分研究区域、产业、行业特点，不断发掘自身优势与特点，结合职业教育机构的优势，优化资源配置，创新办学模式，提升“自我造血”能力，建立职业教育、校企合作、产教融合示范区，实现教育链、产业链、创新链的深度整合。

深化校企合作、产教协同育人机制，共建现代产业学院，是解决人才供需与就业不匹配问题的创新举措。职业教育院校的发展方向不是因教学而教学，而是要以区域经济发展的实际方向为导向，紧密贴合地区产业发展需求，构建以院校为主导，政府部门加强监管，行业组织发挥院校与企业之间的桥梁作用，企业积极参与的人才建设体系与管理机制。协同共建现代产业学院，构建面向产业链的多学科交叉融合与跨界整合的职业教育人才培养模式，根据产业发展需求设计和规划课程体系，打通了学校到企业的“最后一里”。

全球科技新浪潮和新一轮产业革命对科技人才提出了新的要求。高等职业院校毕业生普遍存在学校所学与企业所需不能有效对接、学生工程实践能力偏弱的问题。特别是职业教育院校工科专业应积极抓住制造业整体转型升级的契机，以地方经济社会发展新需求和企业技术创新要求为标杆，推进合作办特色学校，创新职业教育人才培养新形式，深化产教融合、校企合作、协同育人。推动传统学科的专业改造升级，开展地方职业教育院校特色优势专业的优势再扩大，推进现代产业学院组织管理模式创新。

三、产教融合模式组织创新的现实问题及创新价值

在国家大力鼓励新工科建设的背景下，现代产业学院逐渐兴，范立南、李佳洋指出，现代产业学院的建设方式有很多，其中以多方协同构建现代产业学院，鼓励校企合作、产教融合为最新形式，通过合作办学形式，实现校企资源共享，探索多学科课程体系建设，着力培养符合新兴产业发展的应用型人才，促进区域经济发展，提升其产业的核心竞争力，形成产业集群。宣葵葵、王洪才指出，高校产业学院作为产教融合实施的新型组织实体，肩负着整合高校与企业优质资源的使命，通过其高效的资源整合能力建立独具特色的专业集群，着力培养高水平的毕业生。通过对历史文献的深入研究，同时借鉴东莞理工学

院产业学院的实践探索经验，本书总结了新时代产教融合模式组织创新实体，即产业学院的长效价值所在。

（1）产教融合模式组织创新的有效载体是现代产业学院

校企合作是培养符合产业发展新型人才的必由之路。高校和企业之间不可避免地存在组织壁垒，这直接导致产教协同发展缺乏有效的载体支撑，使企业等外部优质教育资源无法融入高校教育资源，即使存在校企合作也是停留在比较浅的层次，校企资源难以有机整合，企业更是难以深度参与新兴产业人才的培养和职业教育改革。现代产业学院作为产教融合的新型实体组织，凭借现代产业学院的天然优势整合学校和企业在人才、资金、技术、场地、设备和管理方式等方面的软硬件创新要素，使企业真正参与到产教融合过程中，通过深化校企合作与产教协同育人机制的建立，使参与产教融合的各方利益最大化。

（2）培养符合工程建设实际要求和产业发展方向的本科工科人才

传统工程教育课程内容偏重学科知识逻辑，课程设置脱离产业发展需求，更滞后于产业技术发展，使学生所学内容与实际工作相去甚远，特别是学校教师缺少工程实践经验直接阻断了新工科人才培养计划的进程，致使学生创新实践能力培养严重不足，地方高校本科工程人才培养与地区产业发展的人才需求严重脱节。在这种人才供需矛盾日趋严重的形势下，陆国栋、李拓宇指出，新工科建设的人才培养需要从根本上转变，不能再固守之前的学科导向，专业细分也不能一味地追求专业划分，人才培养目标不再是为产业发展提供适应性服务，而是将人才培养目标与地区产业发展紧密结合，以地区产业发展需求为导向培养具备跨界交叉融合专业的新工科人才，使人才培养目标转变到支持和引导产业发展上来。

现代产业学院的人才培养正是以产业需求为导向，密切联系区域经济发展需要，集聚学校和企业等各方力量为社会培养“量身定做”的实用型人才，从市场实际需求出发制定人才培养模式是现代产业学院人才培养的独特性。现代产业学院这种人才培养模式有效解决了人才培养定位与产业发展人才需求脱节的问题，集中解决了人才培养方案的系统性设计缺乏等问题，特别是对于不适应现代社会发展需求和地方经济发展的人才培养模式实现了优胜劣汰。

现代产业学院肩负着新工科人才培养的重担，但是我国现代产业学院的长效运行机制尚未真正建立，影响其长效持续发展的多个问题亟待解决。现代产业学院是新工科建设人才培养的有效实施载体，联结学校人才培养和地区产业发展方向的两端，是实现区域内创新资源与教育资源整合的重要纽带，因此，现代产业学院的建设必须基于共同的价值认同，建立健全互利共赢的利益机制，全面开展支撑产教协同发展的人事制度、财务制度、教学管理制度等配套制度建设，才能实现校企合作的深度融合以及产教协同育人机制的长效发展。

四、多方协同机制下现代产业学院建设的探索实践

多方协同机制下的现代产业学院建设是解决高等职业院校人才培养与地区产业发展的人才需求不匹配问题的重要途径，现代产业学院建设离不开校企合作的不断深入开展和产教融合协同育人机制的建立。为积极响应国家政策号召，我国已有多所高校开始探索现代产业学院建设。

广东省东莞市作为我国南方工业重镇，制造业实力雄厚，且产业体系完整，是当今全球最大的制造业基地之一，更是粤港澳大湾区发展先进制造业的排头兵，如今已经初步形成了与国际高端制造业接轨的现代化产业体系。其中，位于东莞市南端的长安镇在2020年年末其辖区有工业企业19 619家，是东莞市综合实力最强的城镇，更是位列中国综合实力1000强城镇中的第七名，特别是当地的机械五金模具产业和电子信息产业引领我国高端制造业的发展方向，辖区内的步步高、VIVO、OPPO等都是国内知名的制造类企业。长安镇的电子信息产业及装备制造业发达，该产业对有关专业技术人才的需求旺盛且持久，正是在这样显著的区位优势下，东莞理工学院、东莞市长安镇人民政府及当地行业龙头企业深入开展校企合作，开创了校企合作新模式，建立产教融合协同育人机制的新型实体机构，合作共建成立了东莞理工学院先进制造学院，也就是长安学院。长安学院的建立旨在探索适应当代产业发展需求的创新型高素质人才培养模式，更推动了东莞市区域产业转型升级。

第三章　现代产业学院治理体系建设

第一节　治理体系综述

2017年，党的十九大报告指出，我国职业教育是“深化产学研融合、校企合作”的长期发展战略。同年12月，《国务院办公厅关于深化产教融合的若干意见》（国办发〔2017〕95号）发布，指出要深化产教融合，有机推进教育链、人才链、创新链、产业链。引导高职院校逐步向产业和人口聚集区集中，通过校企合作共建产业院校。明确了以提高人才培养质量为重点的职业教育标杆行业需求和校企合作的目标和方向。我国各省为校企合作、深化产教融合出台了一系列政策，例如，2018年8月，广东省人民政府办公厅印发了《关于深化产教融合的实施意见》（粤府办〔2018〕40号），强调深化全日制职业教育院校办学体制改革，推动职业教育院校与地方产业发展、园区建设、企业发展协调统一，并出台了一系列扶持产教融合发展的优惠政策，鼓励根据地区产业发展的实际需求，建立一批跨境、跨学科、跨专业的现代产业学院。

产业学院建设的目标主要包括：为产业发展提供智力服务与人才储备，整合多方资源，为学生创业就业、科技服务、技术创新、继续教育等提供软硬件支持。主体多元化办学新体制。广东高职院校产业学院已投入运营，广东高职院校以产业院校为衔接点，将院校课程与企业生产紧密结合，与企业共建课程，共同培养学生的育人机制。从学院的功能定位来看，广东高职院校产业学院深入落实了职业教育服务于地区经济发展的政策导向，促进了当地产业集群的转型升级，带动了周边产业的高质量发展，通过产业学院的建设汇集了多方资源，有效地将教育链、人才链、创新链、产业链衔接在一起，实现互惠互利。在政府的领导下，广东高职院校和地方政府、行业组织、大型企业等依托区位优势，兼顾政府、社会、行业组织、学校、企业，满足经济开发区产业发展需求，建设产业类院校，对于贯彻落实《粤港澳大湾区发展规划纲要》具有重要的战略意义，也在很大程度上促进了粤港澳大湾区职业教育的融合发展。

“治理”一词来源古希腊语和拉丁语，最初的意思是控制、指导。教育治理体系的构成主要包括教育治理主体、教育治理对象、教育治理方式、教育治理过程和教育治理结构，学校、公民、中介组织有权依法运用规章制度管理教育的方方面面。

2013 年，党的十八届三中全会通过了《中共中央关于全面深化改革若干重大问题的决定》，首次提出全面深化改革要推动国家治理体系和治理能力现代化，为我国以教育管治国家开辟了道路，向教育治理过渡的过程。

2014 年，国家教育体制改革领导小组办公室发布了《关于进一步落实和扩大高校办学自主权完善高校内部治理结构的意见》，指出进一步下放学校招生、教学组织、专业建设、人员聘用、办学经费、科技服务和国际化交流七方面权利给高校，以激发高等职业教育院校的办学活力。

近年来，广东省各高职院校积极利用自身沿海省市易于接受外来新鲜事物的优势，充分借鉴英国“工业大学”的建设模式，取其精华，去其糟粕，在全省建成了 200 多所符合我国国情、具有地方特色的产业院校，涵盖 20 多个工业领域。虽然广东省的产业院校建设取得了很大的成绩，但产业学院的发展也面临着诸多问题。比如，日常管理的规范化问题，产业学院治理体系建设缺乏成功案例，只能由学院自身根据实际情况逐步探索，我国关于产业学院的研究很多还停留在基础理论层面，等等。

虽然有学者指出产业学院建设的根本宗旨应该是服务产业经济发展、提高职业教育水平，但由于企业的逐利价值取向与高校的教育公益价值取向之间的矛盾，最终将演变为产业院校治理体系建设的困境。这已经成为产业类院校长远发展的主要障碍，影响了产业类院校合作办学效果。

不断完善和加强产业学院治理体系和治理能力建设，建立理事会领导下的院长负责制是我国现代产业学院建设的根基所在，创新产业学院管理体制和运行机制是产业学院建设的正途所在，结合政府部门、行业组织、企业多方资源，夯实利益相关者理论的体系基础，积极发挥产业学院建设的各个利益相关方的支持作用，提高产业学院为区域经济发展提供智力支持的能力，建立区域人才培养体系，最终实现产业院校的长期有效运行。

第二节　产教融合视域下产业学院“四实”治理体系

高职教育治理主体的责任定位，充分体现了社会对治理主体的治理期望。明确治理主体在职业教育治理体系中的主体性地位及作用，是协调治理主体之间多元关系的重要保障，有助于确保多元治理体系发挥更大作用。2019 年 10 月，国家发改委、教育部、工业和信息化部、财政部等六部门联合印发了《国家产教融合试点实施方案》，指出五年内将在全国 50 个城市试点产教融合城。2018 年，广东省广州市教育局和广州开发区管委会联合发布了《广州市产学研一体化示范区建设规划（2018—2020 年）》，率先在广州开发区共建了首个国家公园——广州市产教融合示范区，强调建设现代产业院校是广州市产教融合示范区建设的首要任务。2018 年，广州教育局与广州开发区政府联合组建了首批 7 所适应开发区产业链需求的现代产业学院。到 2020 年，广州市产学研融合示范区建设成为国家一流的“产学研融合示范基地”。广州科贸职业学院是由开发区政府、园区管委会、行业组织、支柱企业与市级高职院校，按照专业群体与产业链对接方式，实现的高校共建的广州开发区科学城产业学院示范院校。该校从 2018 年建立之初仅有 11 个专业 700 余名学生，截至 2020 年已建成 24 个专业，在校生 2700 余名。广州科贸职业学院的产业学院建设实践探索，初步形成了产学研相结合的办学章程和理事会领导下的院长负责制，学院的运营管理制度是产业学院建设的关键所在，更为产业学院建设提供了有效的治理模式，产业学院建设通过构建产教融合生态环境，贯彻落实治理机制，夯实现代化治理结构，为不断提高治理能力和治理体系建设提供制度基础如图 3-1 所示。

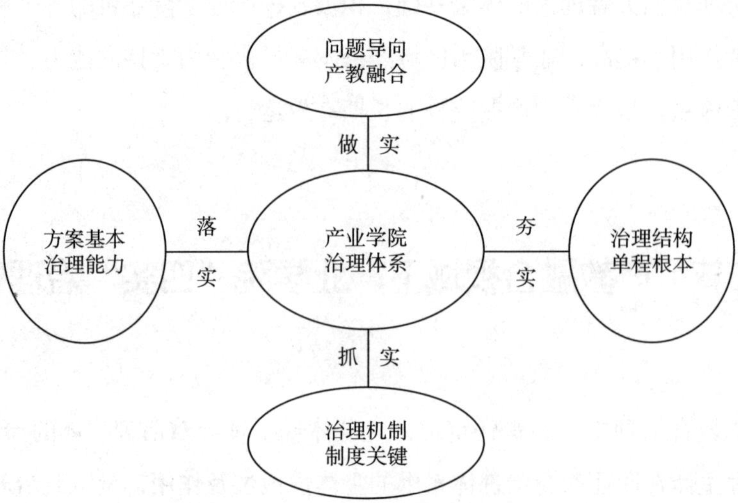

图3-1 产业学院治理体系

一、以问题为导向，营造产教结合的生态环境，落实产业院校治理体系

广东、四川等省在进一步推进高职教育产教融合方面大力开展以人才需求为导向，以产业为纽带，建立为区域经济发展提供人才和智慧服务的现代产业学院建设。广东工业高等专科学校整体建设处于领先地位，具有起步早、总量大、覆盖面广的发展趋势。其中，以东莞理工学院、佛山理工学院为代表的本科院校，有针对性地解决院校产业技术创新能力弱的问题，特别是在对接区域支柱产业、引进优质企业方面将作为院校工作的重中之重。以中山职业技术学院、广东轻工职业技术学院为代表的高等职业技术院校，以解决学校精准培养产业一线急需人才问题为导向，对接龙头企业、产业小镇，筛选园区标杆企业，共建生产，是加强高职教育与区域经济配套发展，促进二者密切互动、共生发展的重要手段，在全国形成了具有自身品牌特色的高职院校。

中山职业技术学院凭借其在灯饰设计与工艺专业的特色和优势与古镇政

府、行业组织、企业合作共建古镇灯饰学院。中山职业技术学院还根据服装设计专业的发展特点，与沙溪镇政府、行业组织、企业等合作创办了沙溪纺织服装学院等多所产业院校，实施学校与企业双主体治理，整合政府、学校、行业、企业及社会资源，落实教育链、人才链、产业链、创新链的四链衔接，深化校企合作、产教融合，提升学校培养产业急需的应用型复合型人才的办学质量。产业学院的建设旨在通过深化产学研融合，遵循利益相关者理论，即产业学院所有相关利益群体参与的治理结构，提高学校对特定产业的服务水平。为企业承担职业教育的社会责任提供更好的社会环境，建立从院校到企业、从企业到行业、从行业到社会的职业教育从建设到运营的全流程优质环境，形成各方主体的利益共同体，在突出各主体作用的同时，激发企业参与产业学院建设的积极性，充分发挥企业育人的实践优势。激发公司能工巧匠的内在动力，落实制度保障体系，提高人才培养质量，形成院长负责制、专家学术研讨制、公司激励机制、多重评估制、产教融合发展的治理环境，有效促进产业院校健康发展。

二、构建以章程为基础的多元治理基层组织，巩固产业学院治理结构

2018 年，教育部专门将推进高等职业教育机构章程建设作为反映办学水平和治理能力的重要内容，突出内部治理结构规范性建设的重要性，为依法办学、特色办学、自我管理提供教育的政策基础。产业类院校建设是高职院校依托区域产业发展需要，积极配合企业“融入产业”，校企共建，深化产教融合的创新方式。产业学院的建设并不是在某一方参与者的主导下进行的，而是政府、学校、行业组织、企业及社会代表等各方共同成立理事会，遵循市场经济的运行模式，以理事会章程为基本行动指南，明确了政府、学校、工业和企业的主体地位。处理好“责”“权”“利”三者之间的关系，构建“资源共建、责任共担、成果共享”的多主体长效治理机制，为产业学院的长效发展建立稳定的决策体系、管理权分配机制和管理制度保障体系。广州市教育局联合广州市开发区区政府鼓励广州市公立高等职业教育院校积极融入产业园区建

设，建立高校专业群体与开发区企业的有效沟通机制，形成高校与产业园区重要支柱产业有效联结，高校、企业与产业园区共同打造区域经济发展的产业链。

产业学院理事会是产业学院的决策机构，在校务委员会领导下，院长全面负责产业学院的教育教学管理、行政管理和社会服务工作，并向校务委员会负责。

完善的制度设置体系是产业学院教学、科研和产业培训的必要保障。产业学院治理机构按照学院管理章程设立了4类院长岗位、3个教学生产工作组、4个培训服务基地，实行人、财、物自主管理。4类院长岗位负责统筹政府、产业园区、行业组织、企业资源，组织3个教学生产工作组、4个培训服务基地，共同实施理事会制定的发展规划，开展教学质量研究、诊断和改进，确保产业院校的高效运行。学术组、教育组、综合组3个工作组分别负责学生管理、组织教学运行、生产培训、综合协调管理。4个培训服务基地分别负责技术研发与产品开发的管理、大学生技术培训与创新教育、大学生创新创业的培养与实施、优秀校企文化的融合与活动，如图3-2所示。

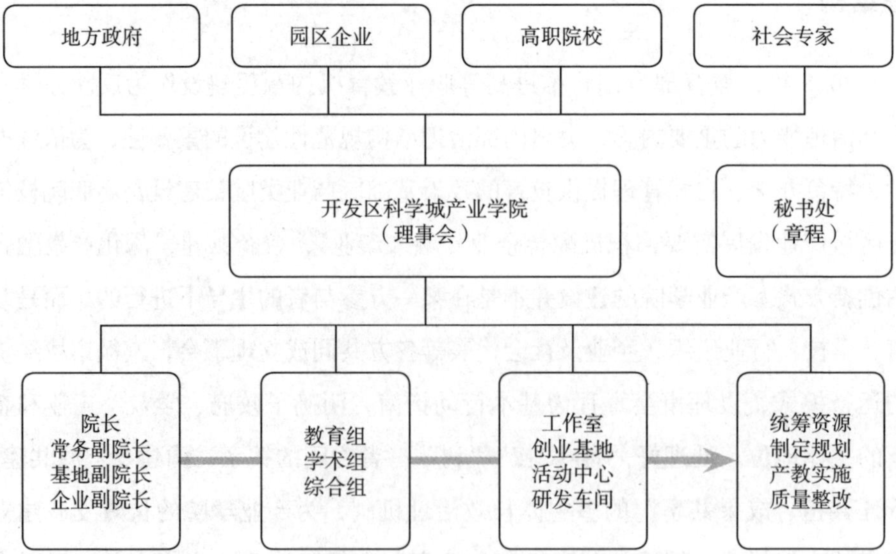

图3-2　产业学院组织架构

三、建立以制度为核心的学生中心运营体系，落实产业学院治理机制

始终坚持人本主义思想的美国心理学家和教育家罗杰斯，作为人本化教育思想的代表人物，提出了“以学生为中心”的教育思想，强调作为学习主体的学生是开展一切教育活动的中心。只有突出学生作为学习主体的作用，才能有效实践以学生为中心的教学理念。高职院校开展产业学院建设是联合企业作为共同的教育主体参与人才培养，产业学院从计划、招生、培养到考核的全过程都是在有关教育部门的指导下进行的，同时融入产业园区建设，根据行业需求培养企业急需的专业人才。以行业院校规范为根本构成，构建校企利益共同体，形成稳定互利的校企合作、产教融合、协同育人机制，完善制度保障机制。广东轻工职业学院充分发挥轻工专业优势，与当地龙头企业合作，先后成立了白天鹅学院、化妆品学院、雷诺手表学院等多所产业学院，促进了高职院校校企责权统一治理机制的形成。

产业类院校是准确适应区域产业需求培养人才的有效途径。要求各利益相关方认同“学生中心”理念，协调产业类院校“五创”建设，建立和完善产业类院校长效办学机制。职业教育与区域产业发展深度融合的深化机制如图 3-3 所示。

一是通过运行管理体系，打造产教协调、师工互补、生工统一、基地车间一致的现代学徒制教学模式，保障学生的个性化发展。

二是建立教育链、人才链、创新链、产业链四链贯通的产教融合互动管理体系，引导学校教师与企业导师积极参与课程、教材、教法的研究。

三是工业学院建立了专项研究管理制度，积极推进工业学院教学资源开发、创新创业项目发展和社会服务建设。

四是建立共建产业学院的各利益主体对成果、绩效、评价等的激励与约束制度，构建有利于学生全面发展的培养环境。

五是创新产业学院的临时党支部建设，制定学生思想工作相关管理制度，共同搭建产业学院思想政治教育大平台，有效落实培养中国特色社会主义事业

接班人和建设者的人才培养任务。

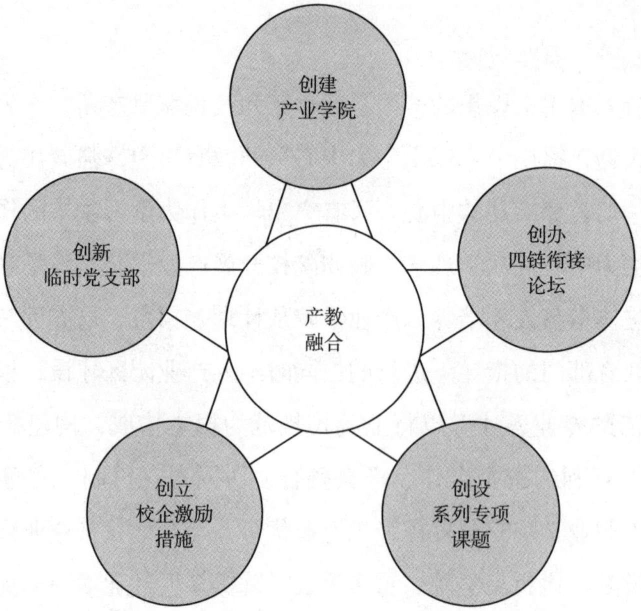

图3-3 “五创”建设

以中山火炬职业技术学院为例，其党支部与合作公司党支部紧密结合，双方开展互利共建，共同建设现代学徒制的人才培养机制，通过产教融合、校企合作等方式，使学生和企业员工以双重身份参加基层党建工作。

四、以方案为基石，共建产教融合培养体系，有效落实产业学院治理能力建设

治理能力建设的内容涉及基层工作者的组织协调能力、沟通能力、团队合作能力、学习能力等多方面能力和素质，但其根本内容还是落实人才培养目标，通过校企合作、产教融合等方式解决地区产业转型升级所面临的问题，为区域经济发展提供智慧服务和人才支持，以此提升产业院校治理能力建设。2019 年，广州科技职业学院科学城产业学院深度融入广州开发区建设开发，对所有入选专业实施“两对接、两走访、三实施”建设方案，实施教育教学。“两制、三教、一制”创新改革方案，校企合作完成课程和专业标准 85 门，建

设职业技术教育实训基地 2 个，获得广东省科学技术进步奖 1 项。在校学生人数由 2018 年的 11 个专业 700 名学生发展到 2019 年的 24 个专业 1200 名学生，再到 2020 年的 24 个专业 2700 人，这充分反映出产业类院校的治理能力建设切实适应了产学研结合的强大生命力。

在“两对接、两走访、三实施”建设方案的实施中，“两对接”要求产业学院各专业在人才培养计划上明确专业对接的行业标准、课程对接的企业安全生产岗位标准；“两走访”要求产业学院职业经理人积极开展走访区域龙头企业、优秀校友；“三实施”要求实施先进技术项目、岗位技术专家参与实施、实施优质企业人才培养，确保产业院校始终拥有优质的教育资源，满足企业“定制”的需求。“两制、三教、一制”改革方案能有效保障产业类院校创新教学实施模式，全面提升产教融合效果，有利于学校和企业在教育教学中双重开展现代学徒制，开展有利于发挥产学一体化的学分制的“两制”改革，切实保障学生专业实践技能、创新创业能力和综合素质“三育人”的成效提升，理事会形成了多学科参与、共建的人才培养质量评价体系标准，产业学院治理能力全面提升。

第三节　高等职业教育学院产业学院治理体系探索实践

研究高等职业教育院校产业学院的治理体系，完善现代高等职业学校产业学院的制度，激发职业教育办学活力，不断深化自身内涵建设，构建与经济社会发展相适应的良性治理结构，不断推进高职院校治理体系和治理能力现代化建设，是一个值得深入思考的问题。本书从现代大学制度建设的视角，探讨了现代高职院校产业学院制度的内涵与外延，对高等职业教育院校产业学院治理体系进行实践考察，分析高等职业教育院校产业学院治理体系建设的现实需求，结合学校自身的发展需要，从实际情况出发，构建现代产业学院的治理体系，从学校管理体系建设、教学研究、学生管理等方面全面提升高职院校产业类院校的治理能力。

2010年5月，《国家中长期教育改革和发展规划纲要（2010—2020）》明确指出，要建立健全“依法办学、自主管理、民主监督、社会参与”的现代大学制度。2014年6月，《国务院关于加快发展现代职业教育的决定》（国发〔2014〕19号）也提出，加快建立现代职业教育体系，加快完善现代职业教育学校体系，进一步激发职业教育的活力和职业教育院校的生命力。2014年1月，教育部原部长袁贵仁在全国职业教育工作会议上以“加快推进教育治理体系和治理能力现代化”为主题发表讲话，强调职业教育院校应以推进教育治理体系和治理能力现代化作为职业院校建设的基本立足点，在此基础上充分发挥院校的主体作用，建立以职业教育院校可持续健康发展为导向的工作机制，加快我国职业教育院校现代产业学院的现代化制度建设。高等职业教育院校作为我国高等教育的重要组成部分，在现代教育制度中发挥着不可替代的作用，高等职业教育建设的关键是既要积极深化自身的内涵建设，又要适应经济社会发展需要的良性治理结构，实现二者良性协调发展是促进高等职业教育发展的关键，对我国高校治理体系和治理能力现代化具有重要的现实意义。

一、现代大学制度与现代职业学校产业学院制度

我国关于“现代大学制度”概念的研究最早可追溯至20世纪90年代中期，但这一概念在当时的教育界还比较新鲜，并未在当时的学者间引起广泛关注。随着我国经济的快速发展，我国高等教育蓬勃兴盛，教育改革不断深化，教育界关于“现代大学制度”的研究不断深入。2010年5月，教育部发布了《国家中长期教育改革和发展规划纲要（2010—2020）》，随着该文件的颁布，我国关于现代大学制度的研究正式启动，现代大学制度迅速成为高等教育理论研究领域的热点，极大地激发了学者们对现代大学制度研究的热情。

关于“现代大学制度”概念，我国学者间始终存在一定的争议，且难以达成共识。目前关于“现代大学制度”的研究在学术界主要有三种不同的观点，即思想或精神范畴论、一般范畴论和中国现实范畴论。思想或精神范畴论的观点主要来自我国高等教育领域的专业研究者，是基于古典大学理论形成过程中

分离出来的现代大学理论，更多地继承了古典大学理论研究方向与观点。一般范畴论严重脱离我国教育现状和西方教育研究发展情况，是从大学存在的根本原理和公众对大学的一般认识角度来深刻阐述现代大学制度。坚持这一主张的学者有别敦荣、潘懋元、龚方、袁贵仁、赵树明等。他们普遍认为现代大学制度主要由四部分组成，分别是制度精神、职能制度、法人制度和行政制度。潘懋元先生认为，构建现代大学制度是大学履行使命的必然要求。高校的管理应该包括组织结构、工作机制、决策机制、资源配置机制、激励机制、创新机制等多方面内容，特别是工作机制还包括科研、教学、社会服务等内容。原教育部部长袁贵仁认为建立现代大学制度的关键和基础在于大学，大学作为法人机构，同时又是办学主体，明确其权责利是建立现代大学制度的关键，关于权责利的处理对于大学来说主要是做好三方面工作：处理好大学与政府、社会的关系，处理好大学和教师、学生的关系，处理好大学与大学之间的关系。由此可见，在一般范畴理论下研究的现代大学制度，更注重大学运行过程中的规范性要求与主要办学关系之间的协调和平衡，更符合我国大学发展的未来方向，有助于建立大学应该遵循的基本规范。中国现实范畴理论主张从我国高等教育的发展现状出发，在现实环境下研究我国现代大学制度的各种理论观点。

现代学校法人治理机制和现代新型学校行政关系是现代职业教育学校制度建立的基础，而这些都是在现代教育理念的指导下开展的，现代职业教育院校制度建立的最终目的是促进社会、政府、企业、学校的可持续发展，为国家的发展培养技能型复合型人才。现代职业教育学校的基本制度主要由两部分组成，分别是职业教育的外部管理制度和职业教育的内部管理制度。外部管理制度包括学校和政府、企业、行业、社会之间的关系。内部管理制度主要是现代职业教育院校的内部各组织之间的关系管理。现代职业教育学校制度主要表现为规范的依法办学制度、自我管理制度、民主监督制度、就业导向制度、行业组织制度和企业参与制度。

高等职业教育院校现代产业学院治理体系的构建需要充分调节高等职业教育院校在改革和发展中利益相关主体之间的关系，构建新型社会关系、政治关系、学校关系、企业关系，只有促进各利益主体与高等职业教育院校的文化融合，建立适应不同行业、不同发展阶段、不同群体需求的专业设置和课程体系，最终才能推动学校内部治理体系的创新。

二、高职院校现代产业学院治理体系构建的现实需求

（一）教育由管理向治理的转变是高职院校治理体系建设的必然方向

管理不同于治理，治理也不等同于管理，二者是两个完全不同的概念。管理是自上而下的单一的单向模式，从政府到学校，从中央到地方、从上级到下级的管理模式。治理是各种私人或公共的，是个人和机构管理其共同事务的各种方式的综合，是调和冲突或不同利益的有效手段，是一个持续的共同行动过程，这在全球治理委员会 1995 年发布的研究报告《我们的全球伙伴关系》中有所阐述，治理是西方行政管理治理理论的核心内容，这既包括有权力迫使他人服从的正式制度和规则，也包括人们自愿同意或符合他们自身利益的各种非正式制度安排。

我国高等教育已进入深入发展阶段，公众参与度显著提高，高职教育是高等教育的重要力量。到 2021 年，全国高校总数达 3012 所，其中普通本科院校 1238 所，本科职业院校 32 所，高职院校 1486 所，成人高等院校 256 所。各类高等教育在校生 4430 万人，高等教育毛入学率为 57.8%。全国普通、职业本专科共招生 1001.32 万人，其中，普通本科招生 444.60 万人，职业本科招生 4.14 万人，高职专科招生 552.58 万人。全国普通、职业本专科共有在校生 3496.13 万人，其中，普通本科在校生 1893.10 万人，职业本科在校生 12.93 万人，高职专科在校生 1590.10 万人。

近年来，我国高等职业教育规模得到了迅速扩大，但与此同时产生的问题多种多样，比如，职业教育结构多样化，权益多样化，受教育人员层次差异，各利益相关者的权益实现等问题。随着高职院校“校企合作、产教融合”办学理念的不断深入，院校与政府、行业、企业等群体建立了越来越紧密的联系，建立了多个利益相关者群体网络，同时，不同利益相关者之间存在不同的利益要求和诉求，这些与学校利益不完全一致，甚至有时候会发生冲突。出于各自不同的目标和需求，各个利益主体会通过不同方式与途径对高等职业院校产生

影响，以满足其各自的利益需求。

单一的、单向的管理模式已经不能完全平衡利益主体的需要，这将影响高等职业教育院校校企合作、产教融合项目的顺利开展。高等职业院校的教育治理问题需要适应高等职业教育的发展趋势，建立多元利益平衡机制，使不同利益主体在协商一致下实现其需求与目标，保证学校教育目标的顺利实现，完成高等职业教育院校的育人使命和要求。

高等职业教育的自身发展需求和所处外部环境的变化，要求高等职业教育管理要向高等职业教育治理转变。深化教育领域改革，创新管理理念，转变政府部门管理高职院校的方式，要实现从微观管理向宏观管理、从直接管理向间接管理、从管理向服务的转变。因此，不断改革和创新高职教育院校治理体系是解决我国高等职业教育各利益相关主体利益平衡问题的终极方法，通过不断提高高职院校治理能力，加快高职教育治理体系和治理能力现代化建设，实现高职院校的内涵式发展。

（二）构建高职院校治理体系是保障高职院校独立办学、提高高职院校治理能力的必然要求

《中华人民共和国高等教育法》第十一条规定，高等教育院校应当面向社会，依法自主办学，实行民主管理。这是高等职业教育院校依法行使其自主办学权利的重要法律依据。高职院校作为整个社会体系中教育体系的子系统，要“面向社会”办学，科学定位，组织合理的专业设置，制定有效的人才培养方案。积极推进教育改革，在接受广泛的社会监督的同时，要善于合理利用各种社会资源，这才是积极推进教育改革的有效方式。积极推进教育改革要以依法办学为依据，所谓依法办学，就是要求教育主体在办学过程中要以有关法律法规为依据，正确处理学校的科研、教学、招生、学生管理、专业设置等事务，确保学校享有充分的办学自主权。“民主管理”就是依靠学校师生教职工，充分发挥党的基层组织、学术委员会、教师代表大会、职业教育集团等各党派的力量，充分调动各党派参与学校管理的积极性。

但是，在高职院校治理体系建设开展过程中，也遇到了诸多困难，导致上述政策并没有得到有效的落实，究其原因，还是管理的过度封闭，这在很大程度上削弱了高职院校自主办学的能力与热情，严重阻碍了高职教育的自主发展。高职院校要提高管理能力和办学效率，必须打破现有的封闭管理方式，创新管理思维和治理思维，努力构建开放式、多元治理的治理模式，用外部力量激发内部动力。建立完善的高职院校治理体系，需要充分发挥各利益相关方的积极性，协调各教育主体参与高职教育多层次治理体系建设，提高高职院校的治理能力，使我国高职教育真正做到以社会为导向，依法自主办学，民主管理。

（三）高职院校治理体系的建设是深化校企合作、产教融合

高职教育人才培养目标的制定不是院校故步自封设置的，而是要根据区域经济社会发展的实际需要和市场需求，结合自身的发展优势和实践教学，进而实现学校教育与企业实际生产的无缝衔接。因此，行业组织、典型企业作为高等职业教育院校的重要合作者，可以适度参与到高等职业教育院校的管理中，为高等职业教育院校的长效发展建言献策。但行业组织与典型企业参与高等职业教育院校管理的积极性不高，也没有有效参与高等职业教育院校的治理，究其原因，仍是高等职业教育院校缺乏实质性的自主权力。目前，我国高职院校的部门基本是遵循教育管理部门或其他高等院校部门设置模式而设置的，并未从校企合作、产教融合的办学特色出发进行机构设置，这在很大程度上不利于行业组织和企业深入参与高职院校的办学管理。高校治理不仅缺乏强有力的组织保障，合作性的组织保障，也缺乏有效的合作机制。因此，难以开展深入的校企合作。

构建开放多元的高职院校治理体系是我国高职院校校企合作、产教融合之路走得更远、更广、更深的有力保障。通过积极探索高等职业教育院校办学自主权的有效途径，建立健全高等职业教育院校治理体系，增强高等职业教育院校的办学活力和办学动力。通过建立健全多元有效的参与高校治理的机制，积极引入行业组织和企业参与高职院校的办学管理过程中，确保其依法有效参与高职院校教学管理、教务管理、科研管理、行政事务等的权利，实现优势互补、资源共享、协同发展、合作共赢。

三、当前我国高职院校治理体系实践考察

我国大部分高等职业教育院校的机构设置是沿袭了1994年召开的第二次全国教育工作会议确定的“三改一补”发展高等职业教育的基本方针而确定的，其内部管理体制大多参照原有体制或本科院校模式。

我国高职院校法人治理结构是学校党委领导下的校长负责制。机构基本按照行政管理模式设置，包括党群组织、教学组织和行政组织三大部分。高等院校通常还设有学术委员会，学术委员会作为学校的最高学术机构，主要由专家、学者组成，对学校的学术事务具有咨询、指导、评估、审议和决策的最高权力。

高等职业教育院校的上级主管部门一般是所在省的省级或市级教育行政主管部门，行政上直接接受上级教育行政主管部门领导，业务上接受教育部和所在省教育主管部门领导。综观高等职业教育院校的治理问题，归纳为以下几个方面：

1. 办学自主权难以落实

一方面，政府部门作为高职院校的业务主管部门，二者之间存在严重的行政依赖关系，政府部门如果过度干预学校的管理将使学校的办学自主权难以落实。虽然我国有多项法律措施保障了高校的办学自主权，但由于缺乏配套的改革措施，许多高职院校的办学自主权问题仍停留在制度层面，在实际执行层面仍存在诸多问题。与此同时，高职院校习惯于依靠上级主管部门，办学自主权意识淡薄，治理能力薄弱，更难承担真正分散的办学自主权。另一方面，高等职业教育专门法的缺失和不完善，使办学自主权未能真正落到实处。高职院校不同于高水平建设的高等科研机构和知名大学，有自身的特殊性，我国目前尚未出台专门针对高职院校自办学校的相关法律法规，这是高职院校改革亟待解决的问题。

2. 行政权力的彰显使学术权力被弱化

高职院校的内部管理机构设置了对应的管理机构和相关的行政级别，在人力资源管理上设置了相应的行政职务。行政权力过度集中，学术权力微弱，在

事实上形成了行政权力大于学术权力的管理环境，严重影响了学术自由的发展，也不利于净化学术风气，使学术研究很难在世界上大放异彩。作为学校最高学术机构的学术委员会是各个院校学术研究管理的必备组织，学术委员会成员本着建设院校高水平学术能力的出发点独立行使权力，对学校的学术委员会负责，但在学术委员会行使权力的过程中，仍有部分院校的学术委员会官本位思想严重，极大地影响了学术委员会的独立性和公正性，导致行政权力泛化，学术委员会形同虚设，变为行政权力服务的咨询机构。

3. 治理结构的特色不明显，学校内部组织相对封闭

目前，我国高职院校的部门基本是遵循教育管理部门或其他高等院校部门设置模式而设置的，随着高等职业教育院校办学规模的快速扩张和办学结构的多样化，现行的管理模式已表现出明显的滞后性，无法适应快速发展的全球一体化形势，高等职业教育的特殊性和权威性亟待全社会的认同。大部分高等职业教育院校未能设立专门的校企合作平台与合作机制，往往依赖学校原有组织机构来主导校企合作或跨界治理方面的制度设计，使其学校内部管理相对封闭，不能与政府、行业组织和企业进行有效沟通与对接。

四、现代职业学校制度视角下高职院校治理体系的构建

构建高职院校治理体系就是使参与高职院校管理的各利益相关方从被动接受管理向积极参与管理转变，形成高职院校教育管理的共同体，从管理走向治理是现代职业教育院校实现管理科学化的重要途径。从机制的运行层面来看，本文结合广东工贸职业技术学院内部治理结构建设的实践案例，从以下四个方面探讨了现代职业教育院校制度视角下的高等职业教育院校治理体系建设问题。

（一）坚持依法依规治校，制定与完善学校章程

《中华人民共和国教育法》规定，学校及其他教育机构的设立，必须具备组织机构、章程等基本条件。《国家中长期教育改革和发展规划纲要（2010—2020 年）》指出，各类高校要严格依法制定规章制度，按照有关规定管理学校事务。《高等学校章程制定暂行办法》明确指出，制定章程的根本目的是完善

中国特色现代大学制度，促进高职院校法治化、科学化发展。

《国务院关于加快发展现代职业教育的决定》提出，职业教育院校要依法制定体现职业教育特色的制度法规，完善治理机构建设，提高治理能力。《现代职业教育体系建设规划（2014—2020）》进一步明确，职业教育院校要不断完善体现职业教育特色的学院章程和制度，明确董事会、校长、教师代表和专业指导委员会的作用。提高职业教育机构的治理能力，以法律为准绳，制定和实施职业教育院校的章程制度，有助于进一步推动职业教育院校依法自主办学，实现从管理到治理的转变，加速实现教育治理体系和治理能力现代化。

高职院校是我国高等教育的重要组成部分，更是社会发展的重要组成部分，同时又根据地区、行业、人才发展等特点呈现不同的发展特点。教师和学生的合法权益，实现民主管理，协调权力运行，处理好学校与政府、行业组织、企业的关系，具有重要意义。

高职院校章程的制定主要包括以下三个特点：

1. 在宗旨中突出高等职业教育的使命

高职院校章程必须体现“以就业为导向，以服务为导向，走产教结合的发展道路”的办学宗旨，结合高职院校的特点，明确办学使命。因此，高等职业教育院校应全面总结办学特色和办学传统，深入调查分析院校的发展优势和强项，精准把握办学定位，明确院校所处的发展阶段，凝练办学理念，彰显职业教育院校的办学特色。

2. 突出高职教育在培养目标、办学模式、专业设置等方面的优势和特色

高职院校办学章程应充分体现其为区域经济发展、行业优势与特色建设培养高素质应用型人才的理念，为经营、生产、管理、服务提供智力服务的人才发展观。高职院校的办学章程还应明确提出坚持校企合作的办学模式，建立行业组织和企业参与办学的长效机制，建立政府、行业、企业、学校多主体参与的内部治理机制，打造“双师型”导师。在师资管理方面，要特别重视教师的企业工作背景与行业实践经验，加强“双师型”导师队伍建设，同时聘请行业专家和高技能专业技术人才担任企业导师，院校、行业组织、企业共同构建人才培养质量评价体系。

3. 体现高等职业教育院校内部治理结构的特色

高职院校内部治理结构的建设不仅要结合自身发展的特点，还要结合我国高校发展的实际情况，同时充分发挥政府机关、学校、行业组织、企业等多办学主体积极性的高校治理体系，协调处理行政权力、学术权威与院校办学主导权的关系，努力构建多主体共治的开放式治理模式。

广东工业贸易职业技术学院高度重视学院章程的制定工作，要求学院章程的制定必须始终如一、贯彻落实学院办学理念、特色作风、时代作风。经过广泛征求校内外意见，共获得学校 31 条意见和外部专家 74 条意见。同时，该学院还邀请专家就学院章程建设的总体结构、文化背景、程序、文本语言等进行了详细讨论，提出了重要的修改建议。2015 年 4 月，广东省教育厅第四次厅长办公室会议审议通过的《广东省工贸职业技术学院章程》成为全省首批通过的高职院校章程。该章程明确规定了学院党委、教师代表大会、学生代表大会、学术委员会等各级管理机构的职权和职责，明确规定了学院内部的管理体制及院系二级管理机制，建立了学院党委领导下的院长负责制对学院内部治理体系的改革和创新机制。该章程还明确了学院的办学自主权，特别是在人才培养、人员配置、薪酬分配、师资建设、交流合作等方面明确了学院享有充分自主权，以及学院与行业组织、企业、科研机构等第三方的合作方式及其相关管理规定，并建立了专门的监督审查机构，监督学院内部各项管理规定的执行情况、廉政情况，以及对于违反学院章程规定情况的处理结果和违反办学规范举报和投诉情况。

（二）坚持教授治学，扩大学术权力

著名教育家竺可桢曾说过："教授是大学的灵魂。"加强学术能力建设是高等职业教育院校提高办学水平，提升师资能力与水平，实现内涵式发展的根本举措。高等职业教育院校应始终坚持教授的教学自由，提倡学术自由，不断提高教授的学术影响力。

1. 重视和提高对教授治学的认识

尊重科学发展规律和科研活动的客观规律，提高公众对科学研究需要长期坚持的认识，使公众充分认识到科学研究对人类社会发展的长远意义，建立健全高职院校的教师管理体系，尊重知识，重视人才，使院校师生真正成为学校的主人，从长远发展的角度来推动高等职业教育管理体制的改革。

2. 充分发挥学术委员会的作用

2014年，经教育部审查批准的《高等学校学术委员会条例》成为1949年以来我国第一个国家级高等学校学术委员会管理规范。学术委员会是高职院校实现学术治理的最高权力机构，加强学术委员会的制度建设，首先要建立规范的委员选拔制度，加强对学术委员管理的严格化。学术委员会建设不能仅偏重某一或某几个学科，需要协调不同学科的发展需求，兼顾学术委员的专业性。学术委员会作为高职院校内部治理的管理机构，对其管理需要建立符合高职院校发展需要的管理规定，明确其权利和义务，尊重学术委员会行使权力的独立性，充分发挥学术委员会在学术研究、专业建设、学科评价和学风建设中的重要作用，为教师开展学术研究和教育教学探索有效途径，推进高职院校学术事务和管理事务的规范化与制度化建设，为学术委员会开展学院的内部治理工作提供有效保障。

3. 加强教授自身学术道德水准和学术研究能力建设

教授要积极参与学术管理事务，必须不断提高自身的学术道德修养和学术研究能力。教授要始终不渝地坚持学术伦理，敢于追求真理，倡导学术自由，坚决抵制学术腐败，勇于承担学术责任，以高尚的职业道德育人。高职院校必须建立长期有效的学术伦理制度，积极鼓励教授治学，通过理论培训、专家讲座、参观学习等方式丰富教授知识的广度和深度，不断提高教师的知识实践能力，提高教授的学术管理水平，加强和培养教授的学术意识，激发和保护教授的学术研究热情，为教授治学营造良好的学术氛围，促进教授严谨高效的教学与科研目标的实现，与此同时，需要对教授的学术行为进行定量评价、定性评价与有效约束。

（三）创新体制机制，构建多元协同育人平台

建立多元治理机制及其利益相关者的权利义务关系是构建符合我国国情的高职院校治理机制的关键。高职院校通过搭建多元主体办学平台以及“政、校、行、企”多元合作平台，形成多元办学主体共治的内部治理结构。“政、

校、行、企”多元合作教育体系是由政府、学校、行业组织、企业等利益相关者以利益共赢为目标构建的，通过创新体制机制搭建一体化协同平台。作为一个利益共同体，进行深度合作，从而达到整体功能大于部分功能之和的效果，在培养高素质应用型人才方面发挥最大作用。

“政、校、行、企”多元协同教育体系，是一种政府主导、学校为本、行业组织引导、企业参与的深度融合、共同教育的方式。政府作为行政管理部门，主要通过制定政策法规来加强引导和监督，建立健全多元主体合作体制机制；学校作为办学主体，要全面推进教育教学改革，持续推进教育服务于社会，可以融合多方资源，建设职业教育集团，通过职业教育集团的平台开展技术研发、教学改革、师资培训、实习实训等产教融合活动；行业组织是社会组织，作为政府与企业之间的中介组织，起到了联结教育与产业的纽带作用。它们通过参与合作教育的方方面面，对行业起到引导作用。企业是教育在生产实践中的应用。它是将就业需求和生产技术融入教育教学的重要载体，也可以根据企业就业的实际情况，对学校的人才培养计划和人才培养模式的优化提出建议和意见，充分参与到教学的各个环节。

“政、校、行、企”四方各司其职，建立利益共同的协商共治机制，各利益相关方通过直接参与教学管理的方式实现共同利益与权力监督，通过教育共治实现公共教育利益最大化。2012 年，广东工贸职业教育学院成立广东工贸职业教育集团，学院依托集团的资源优势和专业优势，通过政府主导、行业组织指导、校企参与等方式在中山市南头镇等地建立了“两站三基地”“教师实习训练工作站”“校镇合作联络站”“学生实习就业基地”“校镇合作产学研基地”“企业技术人才培养和技术服务基地”等合作组织，实现政府、学校、行业组织、企业合作的多渠道发展。为了拓展校企合作渠道，广东工贸职业教育集团还优化了校企合作联络站的办公条件，专门聘请了负责各教育参与方工作的校企合作联络员，构建各方联动的合作平台，建立了适用于各方长效发展的互动机制。

为充分发挥广东工贸职业教育集团的区域发展引领作用，推动产业链、教学链、企业链的深度融合，学校、政府、银行、企业共同就实习、就业、教师临时培训、员工培训、社会事务知识服务等相关项目达成合作共识，构建多元化合作格局。

（四）推进民主参与，提高民主管理水平

民主监督制度是建立健全高职院校内部治理制度的重要组成部分，民主监督制度的建立健全也是现代大学制度建设的重要内容。推进民主监督制度建设是推进依法治国、高职院校民主法治建设的重要途径。要实现高职院校学术权力与行政权力的和谐发展需要有效的民主监督。高职院校实行民主监督的基础是充分发挥教师的参与能力，充分利用群众的智慧管理学校，有效保障教师参与学校管理的权利。教师代表大会制度作为学校教职工参与校园管理和监督的制度基础，有助于实现权力、职能和利益相互制约，实现权利和义务的平衡。以学生为主体的学生代表大会制度，充分调动了学生参与学校管理和监督的积极性。加强民主监督，促进校园管理和建设的各参与方的民主参与程度，有助于提高院校的民主管理水平，是构建高职院校治理体系的重要保障。

1. 建立健全教师代表大会制度和学生代表大会制度是学校民主建设的基础

教师代表大会制度是学校管理制度的重要组成部分，是全体教职工依法行使民主权利、依法参与学校民主管理、实行民主监督的重要组织。建立健全教职工代表大会制度，需要学校领导认真听取教职工意见，是实现科学民主决策的重要渠道，更是学校民主管理的具体体现。学生代表大会是代表全校广大学生意愿的基层组织，是联结学校和学生的纽带与桥梁，是学校民主管理和民主监督的基本形式，还是学生行使民主权利、参与学校管理与监督的有效形式，更是学校维护全校学生合法权益的重要保障。

高职院校要不断完善教师代表大会和学生代表大会制度，以保障广大教职工、教师、学生依法参与民主管理、民主监督和民主决策的权利。高职院校教师代表大会一般每年召开一次，向全体教职工报告本年度的工作进展情况和下一年的工作计划，审议批准关于学校的改革、建设、发展和稳定的重大事项。教师代表大会的代表实行任期制，每 5 年举行一次，由基层教职工直接选举产生。其中，教师代表一般不低于代表总人数的 60%。教师代表大会常设主席团由教师代表选举产生，负责主持会议。出席会议的代表人数必须达到代表总

数的 2/3 以上，方可召开会议。选举和投票必须经全体代表过半数通过。

学生代表会议一般每 2 年举行一次。学生代表大会代表由各班民主选举产生，学生代表大会成员由学生代表大会代表民主选举产生。

2. 根据高等职业教育院校的实际情况推进民主管理

高等职业学院必须充分将民主管理、民主监督和党风廉政建设相结合。在民主管理工作中，促进民主管理、民主监督与高等职业教育的民主决策，有效推进高等职业院校的长期健康发展；在民主监督方面，将民主管理与学校管理规范相结合，在民主法治的基础上发展高等职业学院，将民主治理与教育教学相结合，真正发挥学术权威在教学、科学研究和职业教育建设方面的主导作用；在党风廉政建设方面，贯彻落实全体师生在高职院校重大工作中发挥咨询、指导和监督作用，形成科学决策、民主监督的良好气氛。

高等职业教育院校治理体系的构建既是院校办学思路与理念的体现，也是现代职业教育院校制度化建设的重要进程，是一项长期而艰巨的任务。高职教育是我国高等教育的重要组成部分，扩大高职院校的办学自主权，充分体现高职院校的办学特色，建立健全我国高职院校的治理体系，并逐步建立一套反映我国高职教育特色的现代大学职业教育发展规律体系。

第四章　现代产业学院师资队伍建设

第一节　“双师型”师资队伍建设概述

一、“双师型”教师内涵

2022年，教育部颁布了《职业教育“双师型”教师基本标准（试行）》，该文件强调我国“双师型”教师首要满足的四点要求：一是贯彻党的教育方针，热爱职业教育事业，具有良好的思想政治素质和师德素养，自觉践行社会主义核心价值观，弘扬劳模精神、劳动精神、工匠精神，为人师表，关爱学生。二是落实立德树人根本任务，遵循职业教育规律和技术技能人才成长规律，践行产教融合、校企合作，做到工学结合、知行合一、德技并修。在教育教学和技术技能培养过程中落实课程思政要求，形成相应的经验模式。三是具备相应的理论教学和实践教学能力，掌握先进的教学理念和教学方法，积极参与教学改革与研究，能够采取多种教学模式，有效运用现代信息技术开展教学。四是紧跟产业发展趋势和行业人才需求，具有企业相关工作经历，或积极深入企业和生产服务一线进行岗位实践，时长、形式、内容、标准等应符合职业学校教师企业实践相关规定。理解所教专业（群）与产业的关系，了解产业发展、行业需求和职业岗位变化，及时将新技术、新工艺、新规范融入教学。

“双师型”教师是我国高等职业教育师资队伍建设的重点和特色，全面推进“双师型”教师队伍建设不仅是教育界的呼吁，也是全社会的呼声。但是，目前，学术界对于“双师型”教师内涵的界定尚未达成共识，也缺乏一个权威的说法。本文在总结其他学者关于“双师型”教师理解的基础上，对当前关于“双师型”教师理解的偏差进行了深入分析，提出了关于“双师型”教师内涵理解的一些重要内容。

何谓“双师型”教师，有的学者将其概括为两种类型：一种是“双职称型”，“双师型”教师需要两种职称，不仅需要教师职称，还需要获得另一种职称；另一种是“双素质型”，主要针对教师个人素养而言，教师在有理论教学的学术素质的基础上，还需要有实践教学的素质。

但也有学者将“双师型”教师的概念概况为三种类型：第一种是“双重证书理论”，持这种观点的学者认为，如具有工程师、会计师等专业技术职称的人员，在取得原专业技术证书的同时取得教师资格，进而从事职业教育教学工作的就是“双师型”教师；第二种是“双重能力理论”，持这种观点的学者认为，理论研究能力和指导学生的实践能力是“双师型”教师的必备能力，具备了这两种能力的教师就可以称为“双师型”教师；第三种是“二元融合理论”，这样思考的学者认为，他们在强调教师持有“双重证书”的同时，也强调教师的“双重能力”。

无论如何界定“双师型”教师的概念，我国教育理论界对此的研究仍然停留在字面意思上，深受大多数学者认可的说法是更具理性分析的综合性解释。

1. 字面解释

目前，我国高职院校对“双师型”教师的理解仍然停留在“双师型”的字面意思上，简单地说就是拥有双重资格或者双重证书的教师就是“双师型”教师，换言之，就是具有“双资格”的教师，也就是我们大部分人所理解的“教师 + 中级以上技术职务（或职业资格）”。

2.“双师型”教师应具备的基本能力和素质

本文根据对教育领域“双师型”教师的解读，从以下六个方面对高职院校“双师型”教师应具备的能力和基本素质进行了全面、详细的阐述。

第一，良好的职业道德是“双师型”教师首要具备的能力。“双师型”教师不仅要具有教书育人的能力，还要具备在专业问题和就业问题上指导学生的能力。

第二，具备与教学专业相适应的学科背景、专业素质行业经验或项目经验是“双师型”教师的基本素养。必要的行业基础理论、基础知识对提高“双师型”教师的实践教学能力至关重要。对此，有学者指出，“双师型”教师应该能够调整和完善培养目标、教学内容和教学方法，着重培养学生的专业知识、行业背景和职业发展能力有助于提高学生的实际操作能力，为学生未来就业选择与转型提供全面的知识储备。

第三，“双师型”教师还需要具备必要的经济素养，特别是宏观经济发展和人力资本等方面的专业理论，对于企业发展至关重要的市场化经济理论要有深刻的理解，对于关乎企业发展命脉的质量理念等问题要有清晰的认识，帮助学生树立自觉遵守市场经济规律的职业认知，能够正确认识市场竞争，将教师所掌握的专业知识、经济知识等融入教育教学全过程。

第四，“双师型”教师还需要具备必要的管理能力。管理能力不仅体现在对班级的管理、对学生的管理、对教学过程的管理，还要具备一定的行业和企业管理知识，了解行业规范，熟悉企业管理常识，有助于帮助学生提高深度参与企业和行业的生产实践活动。

第五，“双师型”教师还需要具备良好的沟通、组织与协调能力。教师的教学与实践工作需要持续不断地与学生、同事、企业工作人员等打交道，良好的沟通、组织与协调能力有助于工作的顺利开展。

第六，“双师型”教师还需要具备较强的创新能力。为了适应现代社会经济、技术的高速发展，具备一定的创新能力是“双师型”教师组织和引导学生开展创新活动的必备技能。

二、“双师型”教师误区

1. 教条理解并执行“双师型”教师要求

从字面上解读“双师型”教师的内涵，并以此来指导实践，给某些高职院校的“双师型”教师队伍建设带来了诸多不利影响。

第一，一些高职院校首先将“双证”持有者认定为“双师”，这是一个严重的错误。现实中，部分教师担任专业技术职务（职业资格）。证书并不对应于他所教授的专业，如教师持有中级会计证书，而教的却是一门市场营销课程。

第二，一些专业技术工作（职业资格）证书只需通过书本学习，然后通过考试就可以获得，而无须考察教师的实际应用能力、实践经验和实践能力。

第三，某些高等职业教育院校对教师的“双证”过分重视，导致个别教师通过某些非正规渠道或方式获得专业技术职务（职业资格）证书，这是高校师风师德建设的重点问题。

2. 对“双师型”教师应具备的基本能力和素质的误解

第一，内涵的实用性不明确。上述“同时具备与行业相关的基础理论、基础知识和实践能力”和“应能够根据行业分析、市场研究、市场分析、职业和职业岗位群体分析等与就业密切相关的学生”。调整和完善培养目标、教学内容和教学方法，着重培养学生的专业知识、行业背景和职业发展能力有助于提高学生的实际操作能力，为学生未来就业选择与转型提供全面的知识储备。有人说，实践外延太广，要求太严，很少有非常优秀的“双师”教师能做到这一切。严格来说，“双师型”教师应该具有与其专业技术岗位（专业资格）相对应的专业能力。关于“专业开发和改造”，这需要更多的具有较强专业背景的教师以及学院乃至学校对课程设计的整体配合，很少有“双师型”教师能独立完成。

第二，要求“双师型”教师具备经济素养、管理能力、创新能力是很难实现的。对于“双师型”教师来说，首先要掌握的就是专业知识，以及与所学专业相对应的企业发展情况和行业动态，将这些知识和技能传授给学生有助于学生快速适应岗位需求。而关于市场经济规律、人力资源管理、产业发展规律、企业法律常识、行业高新技术等知识是否需要每个“双师型”教师都掌握还要视情况而定。例如，对于市场营销专业的“双师型”教师来说，掌握市场规律知识是一项必备的专业理论素养，但对于精细化工行业的“双师型”教师来说，仅仅掌握市场规律知识是远远不够的，他还必须掌握经济学或管理学知识。

第三，对沟通能力、组织能力、协调能力的要求不仅是对“双师型”教师的要求，更是所有高职院校教师必备的素质。现代社会，无论哪个行业的从业者，他们的沟通、组织和协调能力都是应该具备的基本能力。因此，这也是“双师型”教师必须具备的基本素质。

三、“双师型”教师的认知

1. 高职院校的“双师型”教师必须是合格的高校教师

教师取得教师资格证书是在我国从事教育工作的首要必备条件，只要是合格的教育工作者，同时具备与专业相适应的实践能力与社会经验就可以成为“双师型”教师的候选者，“双师型”教师的选拔不应为职称或资历事论，而应该给予能力过硬、适应时代发展的青年教育工作者更多的机会。否则，不利于“双师型”教师队伍建设的健康发展。

2.“双师型”教师必备的应用技能和实践经验

第一，从职业资格来看，已经取得相应的教师资格证书，并且具有一定的教育教学工作经验，还具有初级以上的技术岗位，就可以进入“双师型”教师队伍。

第二，对于已经获取初级及以上技术职务的教师来说，不能因为有“双证”就认定为“双师”，高等职业教育院校应对两个方面进行把关：一是确认其拥有的技术职务与其所施教的专业是否一致；二是确认其获得的证书是否是纯理论内容考试获得的。因此，笔者建议结合教育部“具有中级（及以上）技术职务”和“具有两年以上企业一线专业实际工作经验”的有关规定，修改为符合如下两项要求的可认定为高等职业教育院校的“双师型”教师获取初级及以上技术职务：一是具有三年以上教学实践经验的合格教师；二是具备两年及以上企业生产、建设、管理的一线工作经验或项目经验。

第三，将“主持或主要参与两项应用项目研究，研究成果已被企业应用，取得了良好的经济效益和社会效益”作为“双师型”教师“实践能力”的评价标准，评价结果由定性评价转为定量评价。例如，规定科研成果必须使企业营业收入增加 1 万元，当年净利润增加 1 万元，或获得区（县）级以上政府特等奖，可以作为评价高水平“双师型”教师实践能力的条件。

3.“双师型”教师评定需要根据不同专业划分不同标准

高职院校“双师型”教师评定根据专业属性划分为社会科学类和应用技术类两个大类。社会科学类主要包括市场营销、会计、工商管理、法律、物流、商务服务等人文社科类专业；应用技术类主要包括机械制造、电子信息技术、应用化工、自动控制、精密加工等理工类专业。

社会科学类“双师型”教师应注重五方面素质：扎实的专业技术水平和专业应用能力；丰富的社会实践经验或项目经验；良好的沟通能力和组织、协调能力；对现代社会高速发展的适应性与高速经济全球化的预判和引导能力；与时俱进的创新能力。

应用技术类“双师型”教师应注重五方面素质：通过课堂教学、实训、实践使学生扎实掌握就业所需的专业技能和职业技能；在培养学生实践操作能力方面做到亲力亲为，不能将实践课程停留在课本上，而是引导学生走出课堂，走向企业生产实践，着力提升学生的实践技能；了解并掌握与所学专业相适应的工业技术新动向；培养相关行业的专业素质，如维修技术人员“不怕吃苦，不怕脏”的优秀素质；充分利用实践操作课程和科研项目机会训练学生的创新思维和创新意识，培养学生的创新能力。

4.对于不同层次的“双师型”教师的要求应有所不同

对于高职院校的“双师型”教师需要根据专业理论水平和实践能力进行层次评定，一般分为三个级别：初级、中级和高级，分别对应现有的职称评价级别是助教、讲师、副教授。

第一，初级“双师型”教师必须通过学校的有关培训，具备讲授理论课程、指导学生实践训练的能力。尽管初级“双师型”教师对所教专业的相关社会实践和行业发展新动向有比较全面的了解，但是，也存在实践操作能力须进一步提升，实践经验还须积累等问题，因此，初级“双师型”教师需要更多地参加生产实践活动，不断积累项目经验和社会实践经验，主动提升自身的实践应用能力。

第二，中级“双师型”教师需要具备比初级“双师型”教师更扎实的专业知识和更丰富的专业技能与实践经验，还要熟悉相关行业的前沿技术趋势和发展方向，能够针对当前行业、产业发展提出有价值的建议。

第三，高级“双师型”教师的专业理论水平、实践应用技能、项目经验及社会实践经验达到专业指导委员会委员的水平，能够参加高水平的专业研讨会、行业峰会，并进行有价值的发言等。高级“双师型”教师主持或参与的科研项目或生产实践活动要对本专业的未来发展、新技术的研发和企业实践应用具有重要推动作用，对学校专业课程设置、教学实践创新及专业发展导向等提出建设性意见，为高职院校的专业发展、专业建设及专业人才培养提供指导。

综上所述，“双师型”教师不能局限于“双证书”的字面意思。目前，“双师型”教师还只是我国高职教育教师队伍结构性调整的阶段性产物，顺应了现阶段我国高职教育教师队伍专业化发展的过渡性要求，并不是我国高职教育教师队伍建设的最终和最高标准，未来理想的高职教师队伍建设的标准应该是将专业理论知识与专业实践能力融为一体，二者相辅相成、互相促进，螺旋式上升提高高职教师的整体水平，而不再单独强调所谓的“双”。

第二节 “双师型”师资队伍建设应明确的问题

打造一支师资结构合理的“双师型”教师队伍是高职院校实现转型发展的核心条件。“双师型”教师队伍建设要建立完善的制度和机制，“双师型”教师队伍建设既要注重“双师型”教师的个体培养，又要重视整体建设。

一、高校转型发展的关键环节是“双师型”师资队伍建设

（一）高校需要转型发展

高校转型发展是把学术研究型导向的高校转到应用型本科院校上来。这种转变不仅是社会和经济发展的需要，而且一旦有了社会和经济发展的技术需要，这种需要对科学技术的推动作用将远超十所大学对科技的向前推进，随着

现代社会经济的快速发展，生产对劳动者的素质要求越来越高。这种劳动者不仅要掌握理论，更重要的是要应用技术，这样的劳动者需要高等学校来培养，高校只有执行这种职能才能生存并发展下去。高校要明确办学定位，以社会需要为宗旨，为社会发展培养合格人才。如同工厂要把生产的产品推销出去一样，高校也要使培养的人才在社会上找到合适的位置，人尽其才。由于多种因素的影响，以前高校大多定位为教学科研型学校，培养精英型人才，存在办学定位与社会需要的矛盾。如果学生毕业就意味着失业，就说明学校办学是失败的，学校就很难存活下去。就业率低的专业就要被教育部亮红牌，从而影响专业的存在发展。

（二）转型高校需要“双师型”师资队伍

高校转型体现在课程设置和教学内容的改变上，目的是培育适应社会需要的应用型人才。这一目标是通过教师教学过程达成的，教师既要讲授理论知识，又要帮助学生掌握实践技能，只有扎实的理论知识没有较强的实践教学能力的“双师型”教师是无法完成这一教学任务的。

二、正确理解“双师型”教师的内涵和标准

目前，我国对“双师型”教师没有统一的定义和标准。“双师型”教师的内涵不明确，建设“双师型”师资队伍就无从谈起。

2011 年 7 月，据教育部高等教育教学评价中心《普通高等学校本科教学工作合格评估指标体系》内涵解读，“双资质”教师的内涵和标准是“双证书”“双素质”。

“双证书”标准就是只要取得高校教师资格证书和职称证书或资格证书就可以认定为“双师型”教师，这个标准可以量化，实际执行起来简单易行。那么，取得“双证书”的基本标准就是取得高校教师资格证书，并且取得职称证书。

所谓“双素质”，是指教师应具备深厚的专业理论素养和丰富、熟练的实际操作技能。这个标准强调了学识水平和实践能力，但缺乏量化，难以操作。“双经历”标准就是要求教师既要有学校的教育教学经历，又要有在企业生产

第一线从事过本专业实际工作的经历。

高校转型背景下对“双师型”教师的要求是分为不同层次的，可以从两个方面来理解：一是针对“双师型”教师的个体要求，“双师型”教师必须具有“双证书”“双素质”“双经历”。二是对“双师型”教师的总体要求，并不是每个高职院校的教师都必须成为“双师型”教师。“双师型”教师队伍的组成应该是既包括一定比例的“双师型”教师，又包括相应比例的非“双师型”教师，二者共同组成了“双师型”教师队伍。教师依据自己的能力个性发展，各尽所长，形成转型需要的“双师型”群体队伍。

三、“双师型”教师队伍建设的思路

（一）建立完善“双师型”教师队伍的制度和机制

由于多种因素的影响，以前高校“双师型”教师的培养大多是个人行为，如考取律师证、会计证等，同时具有教师资格证书和其他行业证书，成为“双师型”教师。还有的利用个人知识和技能到企业兼职，把知识转化为生产力，得到社会的认可，这也是成为“双师型”教师的一种途径。总的来讲，目前“双师型”教师的培养是零散的，不成体系的。建设“双师型”师资队伍是高等职业教育院校转型成败的关键，“双师型”教师的培养必须标准化、系统化、制度化，建立完善的培养机制。

（二）培养思路的改变

现有的“双师型”教师队伍建设的思路往往是从“双师型”教师个体探讨的，只重视人才的个人作用，学校出现挖人才、抢人才现象，造成人才的恶性竞争，影响学校的发展秩序。“双师型”教师确实要求每个老师要具有较高的理论水平和实践水平，课堂上有扎实的学识，社会上有丰富的实践经验。但是要求每个老师都成为“双师型”教师是很困难的，十年树木，百年树人，成为“双师型”教师是一个漫长的过程，远水不解近渴，不能满足当前高校转型的迫切要求。所以，“双师型”教师队伍建设既要注重教师个体的培养，让更多教师加入“双师型”教师队伍，不断壮大“双师型”教师队伍，更要注重“双师型”教师队伍的整体建设，合理配置现有资源，调整教师资源，优化教师结构。理论水平高的可以从事理论教学，动手能力强的可以从事实践教学，通过资源的合理配置取得良好的教学效果。

（三）注重为转型做保障的教师结构的调整

“双师型”教师队伍建设要注重为转型做保障的教师结构的调整，这一点可以借鉴国外应用类科技大学“双师型”师资建设的经验。师资按课程可以分为三种不同类型：第一类是普通教育师资，他们主要教授基础文化课程；第二类是专业教师，主要负责专业理论知识和专业实践课程的教学；第三类是实训教师，这类教师包括校企合作中在企业指导学生实践操作的企业导师和本校的实训教师。根据此思路，我们可以把现有教师合理定岗，各司其职，完成转型目标。

第三节　高职院校“双师型”师资队伍建设的不足及应对措施

高职院校要培养高技能、高素质、应用型人才首先需要打造高质量的“双师型”教师队伍。在全球经济高速发展的今天，经济社会对高素质应用型人才的需求达到了前所未有的高度，这意味着高等职业教育将迎来新的发展契机。高职高专院校要抓住这一机遇，致力于为社会培养出基础扎实、实践经验丰富、综合素质较高的全能型优秀人才，也需要强化师资力量，加强师资队伍建设。“重理论、轻实践”一直以来是职业教育的问题所在，也是职业教育发展的瓶颈。要改变这一状况，为职业教育注入新的活力，实现职业教育育人的目标，也要结合“双师型”师资队伍建设来展开。只有理论扎实、实践经验丰富的“双师型”教师，才能真正培养出素质高、能力强、技术专业的社会所需之人才。

一、高职高专“双师型”师资队伍建设存在的问题

（一）“双师型”教师科研水平不高、专业建设不足

“双师型”教师，理论素养是基础，也是其开展教学活动、提高实践能力的前提。现阶段，高等职业教育院校的教师，主要存在科研能力不强、专业理论研究深度不够等问题。高职高专院校对在职教师的培训培养不够，而在职教师自身对科研的重视程度不高、科研水平不高也成为制约教师能力素质提升的瓶颈。整体而言，高职高专院校并未形成重视学术的良好氛围，这一点与普通高校之间的差距尤其明显。同时，教师缺乏对科研工作的关注，教师自身的科研水平普遍不高。实践中，多数高职高专院校的教师，仅是为了评职称或完成考核任务而应付式地进行论文写作，开展其他各种科研活动，由此导致教师的理论素养难以得到有效全面的提升，教师的专业性不足，更难出现实践性、理论性都很突出的研究成果，也使高职高专院校教师给人留下“学术水平低”的不良印象。

（二）“双师型”教师简单等同于“双证型”教师

“双师型”教师队伍中，理论素养优于实践水平是常态，而在实践能力上，“双师型”教师却存在欠缺问题。我国长期以来的高等职业教育发展模式是“双师型”师资匮乏的重要原因。实践中，教师往往关注理论素养的提升和教学工作，恰恰忽视了实践水平，甚至长期与实践相脱节，以致影响了教学水平提升。不少教师将“双师型”教师等同于“双证型”教师，获取了教师资格证及职业资格证，就认为已经成为“双师型”教师，却忽略了“双师型”教师是教学能力、实践水平“双高”的教师。一些一线教师，理论知识丰富全面，但对于具体的实践操作却知之甚少，与一线实践工作的结合度不够，无法从实践中获得新的知识与灵感，由此导致高职高专教师能力素质无法实现全面提升，对职业院校学生的实践教学浮于表面，与企业生产实践的结合度非常有限，直接影响我国高等职业教育的整体水平。

（三）教师企业实践存在严重不足

教师校外企业实践方式比较单一、落后，不够深入。以高职高专学校学前

教育专业为例，这一专业的多数教师进行的所谓企业实践，就是去幼儿园进行教学观摩，很少直接参与到一线幼儿园教学活动中，也没有真正对幼儿园教学活动进行指导或者提供帮助。可以说，校外实践有流于形式之嫌，教师仅是以“挂名”的方式参与校外企业实践，并未真正深入一线，也未主动提高自身的实践能力和水平，没有及时了解掌握实践中的新理论、新知识，更没有将理论知识运用于企业实践中，为校外企业等提供帮助和支持。虽然高职高专院校与校外企业进行了“各取所需”的合作，但这种合作交流是比较浅显的，不够深入，自然无法培养出优秀的“双师型”人才，无法提升职业教育师资队伍整体水平。

（四）“双师型”师资队伍建设外部激励机制不足

“双师型”师资队伍建设，理论素质、科研水平、教学能力的提高是基础，实践素养、动手能力、解决实际的问题是关键，也是新时期对职业教育教师素养的新要求。但现阶段，高职高专院校的教师对科研的关注度、参与度普遍不高，自身的理论基础知识不够扎实，影响了教学活动的开展以及教学能力的提升。同时，多数高职高专院校教师都存在理论素养优于实践能力的问题，参与校外企业社会实践的积极性、主动性不强。之所以出现这些问题，是因为现阶段高职高专院校“双师型”师资队伍建设的外部激励机制不健全。比如，在职称和绩效考核方面，对教师的科研成果考察流于形式，导致教师进行科研活动时存在“应付”心态。在“双师型”教师参与校外企业实践方面，未给予教师充分的时间、经费等来支持教师的校外实践活动。外部激励的欠缺，导致“双师型”师资队伍建设的内部动力不足，直接影响了“双师型”教师的素质能力，以及职业教育水平。

二、高职高专“双师型”师资队伍建设的具体策略

（一）强化教育培训、提升教师理论素养

“双师型”教师，首先是高职高专院校的教师，其职业身份决定了他们必须具备较高的理论素养，这是“双师型”师资队伍建设的基础，是前提。理论素养扎实，方能提高教学水平，更好地在高职高专教育一线，培养出具有创新

能力和丰富理论知识的优秀人才。同时，理论素养扎实，也是教师参与社会实践，提高实践能力水平的基础。要建设高等职业教育院校的“双师型”师资队伍，首先要从知识理论能力和教育教学能力的培养入手。 教育培训，是提高教师理论素养、教学基础能力的重要方式。高等职业教育院校应积极鼓励在职教师不断提高学历学位，进而提高学历水平。同时，学校还应组织教师参与各项短期培训活动，使教师的理论基础、教学能力等都得以强化，为教学活动的开展奠定基础。作为青年教师，也应有不断学习，努力提升自我的意识与主动性。教学领域，新理论新知识层出不穷，只有保持学习进取心态，才能避免被高速发展的时代淘汰，才能适应高等职业教育院校教学实践操作的要求，才能培养出更多优秀的人才。

（二）加强企业实践，提高教师专业技能

从高职高专院校教师的层面分析，一线教师自身的职业特性，决定了他们应有良好的职业素养，有较高的教学水平与实践能力。高职高专院校与校外企业的合作，实际上为教师提供了一个提升自我的平台，教师不应将校外企业实践视作“负担”和“压力”，而应将其作为一个很好的提高素质的契机。教师必须充分认识到，实践操作能力不仅对学生非常重要，对教师来说也是十分关键的。从实践中来，到实践中去，在实践中有所得有所悟，方能深化理论，真正全面地提高教学水平，实现职业教育的基本目标。

（三）落实校企合作，实现各方主体共赢

“双师型”师资队伍建设中，学校、企业、教师各方应发挥积极性和主动性，利用这一时机来实现共赢。随着社会对技术型人才需求的增加，国家对高职高专院校教育的关注度重视度空前提升，而高职高专院校在这一良好的发展环境下，应格外重视教师能力素质的培养问题，将“双师型”师资队伍建设作为学校发展之大计。高职高专院校应积极开展校外实践活动，实践的主体不仅是学生，也应该包括教师。学校应该与校外企业合作，为教师寻得一个能够得到实践锻炼的稳定的校外实践平台，便于教师展开实践，提高实践水平，成为“双师型”教师，强化“双师型”师资队伍建设。

（四）完善激励机制，强化“双师型”师资队伍建设

“双师型”师资队伍建设，需要从教师理论素养、科研水平提升以及教师实践水平提高两个层面来展开，而要督促教师致力于成为“双师型”教师，也要通过完善的外部激励机制来对教师形成督促和鼓励。

鼓励高职高专院校教师加强理论学习，提升科研水平，应强化外部科研激励制度，督促教师专注学术、提高自身科研实力。有关部门应从物质及精神等不同层面来激励高职高专院校“双师型”教师提高理论水平，参与科研活动。比如职务职称评定时，将教师科研成果作为考察内容。对教师科研活动提供经济支持，对其科研成果进行精神层面的奖励。高等职业教育院校同时需要为教师的科学研究提供项目与经费的支持。种种措施的采取，其目的是帮助“双师型”教师以更加积极、认真的态度对待科研。

第五章　现代产业学院人才培养模式探索

第一节　人才培养模式概述

在现代教育思想和教育理论指导下，以相对专业和稳定的教学内容和课程设置来培养人才，并采用相对科学的管理制度和评价标准对人才培养过程进行监督，有助于人才培养目标的实现，这是当前被广泛认可的关于人才培养模式的概述。我国学者对人才培养模式概念的阐述说法众多，时间较早的是教育家周元庆在 1998 年提到人才培养模式本质上是人才的培养目标和规范，以及实现这些目标所采用的方法和手段。

社会经济的飞速发展给教育体制改革带来了巨大的冲击，教育需求多样化是未来我国教育发展的主要方向。20 世纪 80 年代以来，关于人才培养模式的研究已经成为我国高等教育改革的重要课题，特别是在教育考试改革进入深水区的当代，关于人才培养模式的研究作为我国高等职业教育发展的薄弱环节面临众多亟待解决的问题，关于人才培养模式的改革与创新将是我国高等职业教育发展的重中之重。深入研究人才培养模式的内涵、困惑及其改革创新的出路是我国高等职业教育改革与发展必然面对的问题，也是必须重视的时代议题，只有真正解决了这个问题，我国高等职业教育才会获得真正的发展。

一、人才培养模式的提出及其内涵

人才培养模式的问题是高等职业教育领域必须解决的问题。2000 年以后，特别是近年来，我国高校、学术界和教育行政部门都非常重视人才培养模式问题。人才培养模式的概念是由我国高校提出的，最早出现在文育林 1983 年发表的《改革人才培养模式，按学科设置专业》一文中，主要论述了如何改革高等工程教育的人才培养模式。此后，一些高校和实践者继续探讨医学、经济学等专业人才的培养模式和改革，但尚未明确什么是人才培养模式，对其内涵的界定也相对模糊。基于开展高职教育的实际教育工作的需要，众多从事教育理论研究的学者也开始关注这一问题，并试图对其内涵和发展模型进行深入分析。1998 年，教育部印发了《关于深化教学改革，培养适应 21 世纪需要的高质量人才的意见》，其中指出人才培养模式是学校为培养学生的知识、能力和素质而构建的，从根本上规定了所培养人才的特点，集中体现了学校的教育思想和教育理念。这是我国教育行政部门关于人才培养模式概念的第一个直接表述。

20 世纪 90 年代以来，随着全社会对人才培养模式问题的重视，关于人才培养模式的研究取得了一定的研究成果。我国学者普遍认为，在当前教育思想指导下，为实现培训目标所采用的培训过程，以及规范的结构和操作模式是人才培养模式研究的核心问题。但不同学者的研究重点也略有不同，例如，关于培养模式的方向问题，有的学者强调培养目标是首要问题，有的学者则认为素质结构才是核心关键；关于培养模式的属性问题，有的学者认为培养模式应该是一种静态的“方式”，而有的学者则认为培养模式应该是一个动态平衡的“过程”，还有学者认为培养模式应该是静态“方式”和动态平衡相结合。在人才培养模式的延伸上，有人认为延伸应该包括整个教育管理活动，也有人认为应该是静态和动态相结合。认为人才培养模式的局限应该定义在“教学活动”上，更多的人处于中间位置。

人才培养模式的范畴问题始终是困扰学者更进一步探讨该问题研究的桎梏。关于人才培养模式的问题不仅局限于教育教学过程中，还涉及高职教育全过程，远超教学的范围，是静态模式与动态机制的统一，是结构与过程的有机统一。当然，在现实的高等职业教育中，还有许多与人才培养不直接相关的日常管理活动，如大学校园环境管理、物流管理等，这些不可混为一谈。因此，人才培养的过程并不是没有边界的。人才培养模式包括课程、教学、评价等教育要素的结合，但这种结合不是机械的组织方式，而是动态的结构。

人才培养模式是在一定的教育思想和教育理论的指导下，为实现培养目标而建立的一套操作规范和执行标准。人才培养模式是教育、管理等多重理论与实践相结合的产物，是所处时代教育思想和教育理念的具象化表现，是全社会对人才培养理想的向往和培养目标的实现过程。人才培养模式必须具有可操作性，不是对以往具体技术或实践经验的简单总结，而是一种可执行的标准。人才培养模式是由许多要素组成的综合体，是由许多环节交织而成的动态组织。这不仅涉及培养目标、课程体系、专业设置、师资配备、考核标准等诸多要素，还涉及目标设置、过程实施、结果评价、执行监督等多个环节。人才培养模式的实施是具有层次化的，最高层次主导整个高职教育体系的运行模式，如通识教育模式、专业教育模式、素质教育模式等；各高等职业教育院校目前正在施行的培养模式；最后是特色专业独特的培养模式。在这里，笔者主要讨论第二层次的人才培养模式，即高职院校层次。

二、人才培养模式创新的制约因素及困惑

目前，我国高等职业教育院校的人才培养模式已经不完全适应经济社会的发展，培养创新创业型人才面临巨大的困难，亟待改革。但是，改革的进程又面临诸多困难、制约与束缚。

1. 理念的束缚

人才培养模式是教育思想和教育理论的体现。只有在一定的教育思想和教育理论的指导下，人才培养模式才真正有意义。相反，它只能是一些教育元素的随机拼凑。

在高职院校中，教育理念和教育理论被表述为“大学理念”。高校办学理念对人才培养模式的制约主要表现在以下三个方面。

一是计划经济时代形成的传统办学观念的惯性约束。在改革开放前的很长一段时间里，我国实行了与计划经济相适应的、封闭的、中央集权的高等教育体制，由高等教育机构直接管理。在这种体制下，高职院校基本没有自主权，必须按照政府的规定办学，很少能形成自己的办学理念，但如今，随着改革开

放的不断深入，我国高等职业教育院校已经有了相当大的自主权，管理体制发生了变化，但一些观念仍然表现出很大的惯性和依赖性。个别高职院校只注重校园硬件建设，忽视了教学质量、科研成果等软件建设；只注重办学规模扩张，忽视了教学成果、学生就业率的提高。归根究底，还是这些高职院校没有形成自己的办学特色，缺乏明确的办学理念。

二是缺乏适应社会经济发展的新型办学理念。现代社会，技术革命发展迅速，全球竞争日益激烈，信息流动速度不断加快，等等，为了适应快速变化的时代要求，高等职业教育院校必须根据社会发展需要调整人才培养模式，在人才培养方面着重提升学生的学习能力、信息素养、国际视野、意志品质及综合素质。然而，许多高职院校并没有及时改变自己，特别是在办学理念上。目前，高职院校尚未形成国际化、通识、应用教育的理念，以人为本、终身学习、多元化教学的理念基本只停留在学术界，尚未被高职院校所采纳。

三是缺乏对我国高职院校教学改革的整体性思考。我国高等职业教育院校的发展缺乏战略性思维是困扰我国高职教育长期良性发展的重要因素，在战略上缺乏对人才培养的顶层设计。高职院校究竟应该培养什么样的人才，怎样培养人才，这是一个系统性问题，而不是仅依靠某个规划设计就可以完成的，更不是仅依靠某些人就能实现的。高等职业教育院校似乎没有停止办学，但如何办学，如何育人，怎样建立健全良性的育人制度，如何引导教师长远发展，如何用教师的创新带动学生的创新，如何真正满足师生的需求，这些问题在现阶段都尚未得到很好的解决。受管理体制的影响，高等职业教育院校围着管理机构转、教师围着学校转等怪象愈演愈烈，反而忽略了育人的根本任务。

受理念的制约和困惑，各高等职业教育院校人才培养模式呈现出两种态势：一种是趋同化，没有与自身的专业优势、强项、办学定位相结合；另一种是把各种“好”字凑在一起，形成所谓的人才培养模式。无论哪种人才培养模式都不适应我国高等职业教育现状，都只是一些华丽的装饰，很难达到预期效果。

2. 制度的羁绊

制度对人才培养模式创新的制约主要表现在以下两个方面：

一是高职院校内部学术权力与行政权力的错位和失衡。近年来，我国高职院校的办学自主权不断扩大，无论是在专业设置、招生就业还是教育科研等方面都拥有了更大的自主权。但是，高职院校内部的学术权力与行政权力之间的错位和失衡仍然存在。目前，国内大部分高等职业教育院校依然按照行政管理模式管理院校，按照行政管理机构的结构设计高等职业教育院校的内部组织机构。高等职业教育院校主要是由各教学单位组成的，但是各教学单位并不是院校的“管理部门”，而是要遵循“管理部门”的管理要求和安排。无论是显性还是隐性方面，行政权力似乎都高于学术权力。例如，我国有的高等职业教育院校，参照西方大学也成立了校级学术委员会，参与决定学校的学术事务。但是，学术委员会的组成人员绝大部分是由学校、院系以及职能部门的负责人构成，很少有单纯的学术专家参与，学术委员会更多的是从行政角度考虑问题，很大程度上忽视了学术考量，使学术权力虚置。人才培养模式的改革需要学术专家和教师的积极参加，如果没有学术专家和教师的积极参与，只会造成学术权力的缺失，会极大地削弱教师参与的主动性和积极性，人才培养模式的改革与创新只会局限于行政事务领域，最终只能流于形式。

二是高职院校评价体系不完善。科研评价具象、数据化，而教学评价不具象、空洞、抽象，会导致教学评价与科研评价不平衡。目前，我国高职院校的评价体系是以行政主管机构主导的行政评价体系为主。影响最大的行政评价是学科评价和本科教学工作水平评价，与教学模式的改善毫无关系，这直接降低了教育教学的影响力。此外，教学评价还存在诸多问题，如教学评价过于简单化、定量而不定性、忽视对教学特点的评价、不注重因材施教和教学模式的创新等。

教师作为人才培养模式改革中的主体，在人才培养模式改革中应该发挥主要作用，但是学术权力的缺失严重削弱了教师的主体作用，高等职业教育院校评价制度的单一化，容易使高等职业教育院校采取趋同的人才培养模式，评价的数量化则导致各高等职业教育院校普遍重视科研和教学的数量化评价标准，忽视了教师科研能力的提升与教育教学质量的提高，也就更容易忽略改革和创新院校的人才培养模式。

3. 资源的匮乏

近年来，虽然我国一直在大力推动高等职业教育院校人才培养模式的改革和创新，在这个过程中有不少高等职业教育院校提出了诸多新的人才培养模式；但是，我国高等职业教育院校人才培养模式的改革和创新也存在诸多问题，如流于表面化、口号化，仅是培养模式要素的局部改变而非整体变革。造成我国高职教育人才培养模式改革和创新难有重大进步的原因是多方面的，不仅与我国教育资源的匮乏有很大关系，还与我国教育制度的诸多限制有关，也与人们对人才培养模式的认识存在偏差有关。特别是教育资源的匮乏是影响我国高等职业教育院校人才培养模式改革缓慢的直接因素，具体表现在以下三个方面：

第一，教育经费不足。教学改革需要一定的经费投入，但高职教育大众化后，教育经费不足的问题日益严重。1998 年以来，我国高等职业教育大规模扩招，高等职业教育院校规模迅速膨胀，但高等职业教育院校所能获得的资源却没有得到相应的改善。当前，我国高等职业教育院校普遍负债运行。即使国家提供了一定的资金支持，也主要用于购置校园、修建教学楼、购置科研设备。人才培养模式改革的资金十分有限。

第二，师资队伍建设薄弱。师资队伍建设薄弱是当前我国高职院校师资队伍建设普遍存在的典型问题。由于人们思想观念的局限和评价体系的影响及制约，教师才能真正投入教学，深研教学改革，全心全意研究教育教学这门“大学问”的教师十分有限。教师缺乏参与人才培养模式改革的内部动力和外部动力。在内在动力方面，如果教师对教学缺乏足够的热情，把教学当成一种常规而不是自己的职责和激情，是否改革，是否真正关乎学生，是否有利于学生的全面发展，那么激励和约束机制也会失效。如此这般，若想让教师认真研究学生的问题，认真研究教学问题，从学生真正的需求出发，关注学生的个性发展、兴趣、爱好、特长则似乎成了一种奢望。在外部动机方面，学校只注重对教师的显性评价结果。过分强调科研硬性指标在评价体系中的权重，而轻视教学表现等软性指标的考核。只注重科研成果的数量指标，而对教学质量的考评不作深入研究就难以衡量教师教学的真正水平，而且，学校教育本身的周期很长，学生能否成长为社会所需要的人才，这个时间周期也是比较长的，短期内未能见效，这些也会受到其他动态因素的影响。这会导致教师缺乏教学改革的动力，认为这似乎是学校领导的事情，与自己无关。久而久之，教师就会认为投资与回报不成比例，得不偿失。

第三，课程资源不足。人才培养模式改革的基本前提是课程资源，课程是人才培养的关键因素，但我国高职院校的课程资源严重不足，这是限制当前我国高职院校人才培养模式创新的重要因素。在我国，像清华大学和北京大学这样的顶级学府在课程资源的广度上自然有很大的优势，他们的课程只有 3000 门左右，而在校生人数远不止万人。在美国，一所 5000 人规模的本科院校可以提供近 5000 门课程，大多数高校人均课程几乎可以达到一门，这是我国高校远不及的地方。优质、丰富的课程资源才是我国高职院校人才培养模式改革和创新的重要保障。

在欧美教育发达国家，校企合作、产学研相结合的人才培养模式是被广大教育工作者接受的，这在极大程度上激发了学者和教育工作者的工作积极性。特别是在美国、英国、德国等国家，在校企合作和产学研融合方面都形成了各自的办学特色。但目前在我国高等职业教育中，虽然有一些可以借鉴的成功案例，但大多数都具有一定的地域性和特殊性，并没有可以直接应用的固定模式。本文主要研究了应用型高职院校校企合作、产学研融合过程中存在的问题及原因，探讨了应用型高职院校校企合作、产学研融合、协同教育的人才培养模式在人的方面的改革与创新。

三、国内校企合作、产教融合面临的主要问题

多年来，国内学者关于校企合作、产教融合的人才培养新模式的研究一直未中断，也取得了一定的研究成果。虽然成效显著，但在实践过程中也发现了诸多问题，需要进一步解决和改进。

1. 校企合作、产教融合过程中高校自身存在的问题

（1）高职院校内部对校企合作、产教融合的内涵认识不足，未达成一致

目前，高职院校虽然已经认识到开展校企合作、产学研融合的重要性，也

实践了一些校企合作、产教融合项目，但在实施过程中多是流于形式，在岗位实习的初级阶段，无法科学、全面、透彻地理解校企合作、产教融合的真正内涵，难以取得良好的教学实践效果。

（2）制度建设不完善

校企合作、产教融合、协同育人的人才培养模式的建设必然需要以院校管理制度、教学体系的变革为基础。部分高等职业教育院校尚未建立较完整的有关校企合作、产教融合的系统性规章制度，这直接导致一些高等职业教育院校的校企合作、产教融合过程在制度上很难得到学校的全面支持，也就间接导致了校企合作、产教融合仅停留在较浅层次，收效甚微。即使建立了相关的制度，可操作性也不强，不能保证校企合作和产学研结合的顺利进行。

（3）校企合作、产教融合的深度不够

校企合作、产教融合的顺利推进必须以校企二者的深度融合为前提，需要校方和企业全方位、多层面深入合作，并且贯穿于整个教学过程。理论教学、实践教学和顶岗实习是大多数高等职业教育院校的常规教学环节。校企合作、产教融合的教学模式与人才培养模式要求院校在教育教学过程中必须始终坚持理论与实践相结合，理论课程讲述和生产实践活动二者缺一不可。但实际情况是，由于条件有限或其他因素的制约，很多高等职业教育院校的校企合作、产教融合项目中，企业并不能深入参与院校的教学活动中，合作缺乏深度。

（4）师资实力难以适应校企合作、产教融合的需要

师资力量充足是高等职业教育院校开展校企合作、产教融合的基本前提。但实际情况是，大部分高等职业教育院校教师毕业后走上工作岗位，理论知识丰富，但实践经验、实际操作能力、企业工作经历非常有限，难以在校企合作、产教融合过程中满足教学需要；而受聘企业的教师往往是企业的骨干，业务繁忙，也难以胜任校企合作、产教融合中的教师角色。因此，校企合作、产教融合过程中的师资力量不足、质量不高等问题，严重阻碍了教育教学的发展。

2. 企业在校企合作、产教融合中存在的问题

（1）企业缺乏积极性

作为一个经济实体，其最直接的目标就是获取利润。在校企合作、产学研

融合过程中，企业更关注这一过程是否能给企业带来直接利润。难以实现校企合作、产学研融合的长远效益和长远发展的需要。所以，在缺少外部刺激因素激励下，有的企业参与校企合作、产教融合的积极性相对比较弱，还有的企业只在有利可图的情况下才会参与校企合作、产教融合项目，更有甚者将校企合作、产教融合当成一种猎取学生廉价劳动力的途径。

（2）企业缺乏必要的责任感

目前，我国还没有法律规定企业在校企合作中的主导地位和必须履行的相关责任和义务。正是因为缺乏约束力和相应的激励机制，企业在实施校企合作、产学研结合的人才培养模式时缺乏积极性和责任感。加上没有明确其责任，这直接影响企业对校企合作、产教融合的参与度，产学研融合程度将影响我国高职院校人才培养模式改革的效果。

3. 高职院校在校企合作、产教融合过程中存在的问题

近年来，校企合作、产学研融合逐渐得到我国社会各界的重视和支持，但相关法律法规尚未完善，企事业单位在校企合作、产学研融合过程中的主导地位尚未形成规范的模式。由于缺乏相应的制度保障与资金支持，企业参与校企合作、产教融合既没有积极性，也没有责任感，加上院校在校企合作、产教融合这一教学模式中的自主权非常有限，无法使这一教学模式按院校和企业的意愿进行。由于种种因素制约，我国高职院校校企合作、产教融合难以实现规模化、校企共赢的局面。

某些重视职业教育的发达国家就非常重视校企合作、产教融合这一教学模式，也出台了相关校企合作、产教融合的政策，规定企业不仅要给校企合作的院校提供一定的经费，还必须参与院校人才培养模式的制定、课程体系建设、人才培养目标的设计等一系列具体的教育教学管理工作，同时，根据教学过程的实际需要，为学生提供实习场所和人员指导，这为我国高职院校校企合作、产教融合的人才培养模式的改革与创新提供了丰富的借鉴经验。

四、人才培养模式改革的出路

人才培养模式的改革创新，其最根本的出路在于高等职业教育院校自身的

努力，高等职业教育院校应勇于且善于承担起教育教学改革、人才培养模式改革创新的主体性责任，在这一过程中，政府与社会也需要做出相应的改变。

1. 树立以“学生为本”的核心理念，做好顶层设计

以学生为本，从学生的实际需要出发，切实为学生的发展着想，才是高职院校以学生为中心的核心理念，才是人才培养模式改革与创新的根本出发点，只有做好人才培养模式改革创新的顶层设计，才能构建长效人才培养模式。

以学生为本，必须以学生的发展为中心，遵循人才培养和成长规律，研究人才培养和成长的条件，改善教育教学条件和教育教学环境。人的发展分为不同的阶段，人才的培养和成长根据人才成长的不同阶段需要一定的现实条件，影响现实条件的因素是复杂的，包括期望和激励、竞争和合作、活动和环境等，人才成长阶段的任务不同，培养方法也不同。高职院校必须重视这些影响人才成长和人才培养的复杂因素，着力改善教育教学条件，努力营造更好的教育教学环境，这不仅包括硬件校园环境建设，还包括教学质量等软件环境建设。研究人才培养和成长的过程，需要采用科学的教育方法。除了人的发展阶段不同，各级各类人才的最佳发展时间也不同，人的各种能力和素质发展的关键时期也不同，等等。高职院校在教育教学过程中，需要深入探索人才培养和成长的客观规律，使人才培养有科学依据可循。

所谓“以学生为本”，就是真正追求学生的优势和兴趣，并使其优势最大化。面对日益明显的学生多样性和差异性特征，如何促进学生的成功是高职院校面临的重大问题。通过对课堂教学的大量观察可以发现，在课堂教学过程中，学生的注意力集中程度并不高，师生之间沟通和互动程度也不高，其根本问题还是教育教学内容没有抓住学生的关注点，没有激发学生的兴趣，没有满足他们对知识的需求，学习对他们来说只是被动地完成任务。心理学研究表明，只有教学符合学生的学习兴趣、知识结构和学习方式，才能使学生对学习产生积极主动的作用，学生才会在现有知识构建的基础上不断构建自己的心理图式。固守传统教学模式，忽视学生的兴趣点、不研究学生真实需求、不针对学生痛点的教学是单向的、无意义的教学，在现实教学中很难取得进展。高职院校的教师必须改变传统的教学思想和教学方式，不断探索学生的兴趣和未

来，打破传统束缚，激发学生的学习热情，推进个性化教育，共同构建师生学习的愿景，使学生逐渐成长为自主学习者，高职院校的教学主体要从“教为主”转变为“学为主”。此外，要实现以学生为中心的三大转变：从单一的课堂教学转变为校内与校外相结合的综合教育；从知识传授到能力培养；从传统教学方式向现代教学方式转变等。

人才培养模式是一个整体建设，顶层设计是这个结构的核心。首先，以学生为本是制定人才培养目标的指导思想，在此指导下明确人才培养的目标是什么。虽然各高职院校在人才培养目标的制定上各有不同，但指导思想是一致的。其次，制订科学可行的人才培养计划并不是一蹴而就的，人才培养计划不是孤立存在的，而是由包括配套课程、专业、教材、教育教学方法和评价体系等在内的一系列内容组成的，使之成为相互促进的统一整体，并不是简单的要素拼接。再次，人才培养模式要能够实现高职院校与社会的良性互动，使高职院校的人才培养模式具有不断更新的不竭动力。最后，人才培养模式和培养方案的制订不能仅局限于当下的环境，还要对比原有的培养模式，找出改革的难点和重点，采取针对性措施，积极实施新型人才培养模式。

2. 建立多方协商机制，形成理想的人才培养模式

目前，我国高等职业教育院校的人才培养模式并不是多方协商的结果，政府和学校行政权力的影响占主导，教师、学生及社会组织的参与程度比较低。社会高度参与，院校、教师、学生和企业多方协商，才能建立理想的人才培养模式。

第一，建立以社会需求为导向的人才培养机制。现代大学不再是与世隔绝的象牙塔，而是必须融入社会，从社会的边缘走向社会发展进步的中心。高职院校作为新型技术人才的培养摇篮，要改变过去为社会培养人才不足的现象，必须走“以社会需求为导向”的发展模式。对于高职院校来说，要积极联系地方政府、行业组织、社会中介机构，随时获取社会就业需求的相关信息，及时将社会就业需求反映到院校的人才培养中。当前，我国人力资源市场中反映高校毕业生供给和社会就业需求的信息管理系统还非常薄弱，统计指标和数据处理能力长期处于粗放状态，这就需要我国社会就业需求信息系统的不断完善。

第二，赋予学生在人才培养模式改革中一定的话语权。学生作为学校人才培养的对象，是学校的“产品”，而这种“产品”同时反作用于学校的人才培养模式。学生作为人才培养的对象，应该有一定的选择和评价人才培养模式的权利。高职院校在制订人才培养模式的过程中，可以通过问卷调查等方式征集学生的意见和建议，让学生充分发挥自主权。这也使得高职院校在充分了解学生的基础上，制定以个性化培养为重点的人才培养模式。人才培养模式实施一段时间后，需要对培养模式的实施情况进行调查，以便后续对人才培养模式的改进和优化。通过建立多方协商机制，充分考虑人才培养中各参与方的利益和需求，形成理想的人才培养模式。

3. 整合优化教育资源，为人才培养模式创新奠定物质基础

我国高等教育是典型的资源依赖型组织，特别是高职教育对资源的依赖性更加突出，高职院校的人才培养模式要实现改革和创新就必须打破对资源的惯性依赖。但现阶段，高职教育要摆脱资源依赖的问题还存在较大困难，因此，整合和优化资源将是一条有效的途径。

首先，实现课程资源的共享。目前，我国高职院校跨专业、跨年级的课程共享率较低。学生的选修课基本限于系里。本科生和研究生的课程资源共享比例更小。对于高职院校来说，虽然我国已经建立了一些大学城，但除了图书资料和部分选修课的资源共享外，包括科研资源、课程研发等资源的共享非常有限。人才培养模式的创新不仅需要整合校内课程资源，还需要打破门户之间的差异，协调院系之间的有效资源，打造共享文化，加强资源共享管理，提高资源共享技术，解决资源共享过程中可能存在的知识产权、收益权等问题。对于高职院校来说，需要建立更加合理的机制，充分利用地域优势，加强线上互动，促进融合与交流。以麻省理工学院为例，其牵头的开放教育资源联盟为美国多所高校搭建了课程资源共享的合作平台。

其次，加强教师资源共享。目前，高职院校的师资存在两种情况：一是随着扩招的推进，各高校师资整体短缺，学科和区域出现结构性错位；二是教师的素质不能完全与人才培养相匹配。要解决这一问题，加强教师资源共享，取长补短是一条有效的捷径。加强人才管理灵活性和多元化的同时，积极扩大教

师的总体数量；提高师资整体素养，及时引入政府机构、社会组织和企业资深工作人员作为兼职教师，不仅有效补充了教师数量，而且解决了高校教师实践经验不足等问题。

最后，加强教学设施共享。目前，我国高职院校的教学设施基本是专有的，作为院校资产具有专属性，其他教学单位普遍无法使用，这在一定程度上造成了一些教学设施的闲置和浪费。除了加强部门间的资源共享外，还需要加强与企业的合作，充分利用行业所能提供的有效设施，开展更深入、更有成效的合作。

针对高职院校在校企合作过程中存在的问题，高职院校应从以下四个方面对人才培养模式的改革进行优化和完善：

第一，从国外许多校企合作的成功经验来看，包括政府、高校、企业界在内的全社会在思想认识上都非常重视校企合作。国家颁布了相关法律法规，支持和保护校企合作，保障参与校企合作企业的经济利益。

第二，校企合作提升了高校和企业的创新能力。高校和企业位于社会创新的中心地带，不断提升创新能力对于高校和企业来说是双赢的效果。

第三，校企合作有效提高了学生的实践操作能力。高等职业教育院校的教育目标和教育任务是不断提高学生的学习能力与就业能力，这就要求高校、教师和学生都要重视这一问题。只有这样，才能建立一种不断提高学生实践能力的新型教育模式。

第四，高等职业教育院校对教师评价体系的改革。传播知识、教育学生、科学研究和社会服务是高等职业教育院校的使命。传统的教师评价系统通常只关注传播知识，教育学生，进行科学研究，忽略了社会服务的重要内容。随着校企合作的逐步深入与完善，高等职业教育院校对教师评价体系的改革也须与时俱进，加强对教师为企业、社会组织、地方政府提供咨询服务的关注，将社会服务的成果纳入教师评价体系中。

综上所述，校企合作、产教融合的人才培养模式的改革思路是针对我国高职院校在校企合作、产教融合过程中出现的问题，建立联合参与、协同培养、利益共享的新型合作机制。

高职院校一直把校企合作作为培养应用型复合型人才的有效途径。然而，近年来，高职院校在开展校企合作、产教融合过程中也遇到了一些问题，导致合作效果不佳，未达成预期目标。因此，本文深入分析了目前我国高职院校校企合作、产教融合中存在的问题及原因，对校企合作、产教融合的人才培养模式进行了深入思考和探索，对高职院校的人才培养模式研究具有重要的指导意义和实践价值。

第二节　学分制改革

学分制是指以课程为核心，通过学分和绩点来衡量学生学习质量的综合性教学管理制度。学分制起源于美国哈佛大学，与导师制、班级制并称为三大教育模式。

1. 学分制的起源

学分的定义由卡内基教学促进基金会提出并得到广泛认可，学分是用来计算学生学习总量的单位。一个学分大约等于一个学生连续一个学期在教室或实验室所做的学术工作。这不包括与教师或同学的课外交流和讨论、备考以及其他与课程有关但与课程教学不直接相关的活动。学分制又称学分累加制，是指用学分来衡量学生的学习成绩。它以学分为单位计算学生的学习量。学位要求最低学分数，这代表了学生所修课程的数量。美国哈佛医学院首先在选课制度的基础上创立了学分制度，这是学分制最早被引入学生成绩的评价。到20世纪初，美国大部分高校先后实行了学分制。

2. 学分制的含义

学分制是与学年制相对应的一种教学管理制度。学分制是以规定的最低毕业总学分来衡量学生是否达到规定的学习总量和毕业标准的教学管理制度。学年制是以学年为计量单位来衡量学生学业完成情况的教学管理制度。

3. 学分制分类

经过一百多年的发展，目前，学分制已经发展为五种比较成熟的类型，分别是：学年学分制、完全学分制、绩点学分制、加权学分制和附加学分制。

（1）学年学分制

学年学分制既保留了专业分类的严格性、完整性的特点，又具有学分制给予学生一定程度选课自由的优点，同时充分体现了学年学分制的强计划性，具有学年限制和全学分制的双重特点。

（2）完全学分制

完全学分制是根据培养目标和教学计划设置必修课和选修课，规定每门课程的学分，确定每门课程和教学环节，要求学生毕业必须取得规定毕业标准的总学分的教学管理制度。每门课程的学时数和所占比例，以及毕业时授予学生的最低总学分数。

（3）绩点学分制

成绩评价系统是一种基于信用系统的教育管理系统，用以显示每门课程的学习质量以及学生学年和毕业成绩的质量。

计算公式为：学分绩点 = 学分 × 绩点。

（4）加权学分制

加权学分制是一种基于学分制的教学管理体系，主要用于衡量学生的专业水平，以体现学生对某些主要课程的学习质量。加权单位系统的封装、路线的分类、教育计划和信贷的学业成绩的差异等，根据不同的加权系数决定计划的信贷加权系数相乘，主要是学生为了区分加权信贷的取得。学术表现的长处和短处可以作为评定优秀、表彰和选拔优秀学生的重要依据。

（5）附加学分制

附加学分制是一种教育管理制度，要求学生完成教学计划所规定的最小学分，并在校外完成加学分，以便毕业。通常情况下，课外加学分是可以评估的。根据学生参与意识形态、道德和社会活动，主题竞赛和学术活动，文化和体育活动与公共福利活动。

4. 学分制的优点

（1）以学分代替学年

要用灵活的教学体系和教学计划取代严格的学术体系和教学计划，就必须提高教学计划在时间和课程选择上的灵活性。把课程安排换成选修课，学生可以根据自己的兴趣和能力调整个人的学习计划。在满足特定条件的情况下，也可以变更专业。

（2）增强了教师的竞争意识，提高教学效果

学校将选课人数作为评价教师教学情况的标准，有助于增强教师的竞争意识，提高教学质量，这是传统排课制度所无法比拟的优势。

（3）能够真正实现“选我所爱，爱我所选”

学分制还有助于学生根据兴趣爱好选择自己喜欢、擅长的课程，充分发挥学生在学习中的热情、主动性、独立性和积极性，更有效地发展学生的潜能。

（4）学分制学费有助于缓解贫困生学费难题

如果一个贫困生选择在 3 年内修完所有学分，这在本质上等同于减少了高等教育的总费用。同样，一些贫困生也可以通过延长毕业时间和适当削减学分来降低学费。

（5）缓解集中就业的压力，有助于促进学生就业

与学分制教育的高等职业教育机构相比，信用系统的学生可以提前一年或半年就业。这和同时段其他大部分机构还在写毕业论文的学生相比，此时就业的学生的竞争压力更小，就业压力也更小。

（6）学分制更有利于教育资源的整合

过去，部分大学的课程设置存在重复情况，教师在教学过程中不可避免地教授重复的内容，学校在课程设置时也会存在相近的内容被重复安排在同一门课程上的问题，很大程度上造成了教育资源的浪费。

（7）学分制改革提高了学费的透明度

迄今为止，大学通常每年只向学生收取合计学费，但这与学生选择的课程数量无关。所有学生都按照统一标准缴纳学年学费，即使提前毕业的学生也要支付完整学制的学费。学分制度改革后，每个学分的学费变得透明，学生可以

根据经济状况选择学习方向。通过这种“明确而实际的价格”，学生在选择课程时一目了然，在一定程度上抑制了高职院校随意收费的现象。

总而言之，信用体系改革高度评价学生的课程选择、教师选择和选择性学习计划，充分体现了“以人为本”的教育哲学，促进了学生的个人成长和他们的潜能。在信用教育体系下，学校可以与拥有多种“课程商品”的大型教育超市相比，学生是购买课程的顾客，什么时候上课，什么时候做实验取决于你。信用系统的改革颠覆了以往以考试为导向的教育方式，但它让学生体会到了“选择我喜欢的，热爱我所选择的”。优秀的学生可以在短时间内完成这门课程，提前进入下一个学习阶段。即使学习能力差的学生也可以根据实际能力选择适合自己的课程。要想打下坚实的基础，具备一定的职业素养进入社会，是需要一些时间的。

5. 学分制的不足

① 强制性规定的弱化和学生在学习计划中的过度自由。由于选择课程的经验不足，学生在前期的课程选择上往往会出现混乱，加强教师对课程选择的专业指导是非常必要的。

② 由于学生具有完全选课的自由，学生在科研过程中更注重自身利益而缺乏集体荣誉感，这将给教师的学生管理工作带来一定难度。

③ 学校对学生学习约束力的减弱，使学生容易滋生惰性，放松对学习的要求。而学习要求学生具有高度的自我意识和较强的自我管理、自律能力才能取得良好的效果。

6. 学分的计算方法

学分制的计算方法一般是根据每个学期每周的上课时间、实验时间、练习时间和课程外的自习时间作为计算的基础。各课程根据不同的课程设置给予不同的学分。学校规定了各种专业课程的总学分，这将作为学生毕业的学分标准。各学年或学期的学生取得的学分不是平均分配的。以四年制大学为例，学生入学第一年和第二年主要学习核心专业课程和基础课程，每个学期所需完成的课程学分比较高。第三年和第四年是选修专业课程和选修公共课，每个学期需要完成的课程学分比较少。

但是，英国引进学分制的大学很少，采用的学分制度被称为课程学分制。在一年级和二年级，课程学分相当于 60 ～ 70 小时的讲课或 150 小时的实验。课程方面，3 门学年级课程将改为积分计算学分，其中强制课程和选修课程的学习部分必须达到 20 分以上。

法国的大学没有实行美式学分制，但是实行了同等的学分制度。通常，毕业需要 16 学分的必修课和 4 学分的选修课。

德国的大学采用周授课制，4 年每周授课时间合计为 203 ～ 210 个学分。

俄罗斯的大学不采用学分制，实行学年学时制。

20 世纪 30—50 年代，我国高校引进了美国式学分制。20 世纪 50 年代初，采用了苏联大学的学年制。20 世纪 70 年代后期，随着现代科学技术的发展，一些大学开始尝试中国式学年学分制。

7. 学分的主要功能

（1）计量功能

选课系统的实施需要能够简单计算学生学习量的新的学习测量单元，因此产生了“credit”。不同的学校有不同的计算学年的方法，但其核心基本上都与特定的时间数有关。在美国，单位的计算方法比较灵活。学生每周学习一个小时，一个学期结束后通过考试就能获得一个学分。日本的大学对学分的计算方法有明确规定，学分规定在 45 小时以上，讲课、练习、实验实习按 1 : 2 : 3 的比例计算。如今，学分不仅是衡量学习量的重要工具，而且作为衡量学院教学情况的标准已经渗透到高等职业教育院校管理的方方面面，包括：人力资源配置功能、学费征收、教育资源分配、财政分配以及对学生学业成绩的跟踪和评估。正是基于学分制存在的重要性，一些学者相信学分制的本质是一种测量方法，是一种基于测量方法的教育管理体系。

（2）流通功能

早在 20 世纪 50 年代，欧洲一体化的政治及经济进程的加速测试中，为了寻找更高的职业教育领域的合作和寻找更广阔的空间，欧盟计划的重要组成部分“伊拉斯谟”计划诞生了。为了让在不同教育机构学习的学生能够互相转换学校，有效地促进学生的自由流动，建立基于平等的学分交换体系。在美国，教育机构之间的学分互认也是非常普遍的现象。例如，亚利桑那大学经营学院和管理学院的财务及经营管理的专门训练程序，需要至少120学分结业的学生，其中有30学分可以在亚利桑那大学获取。学分的相互认可不仅存在于不同的大学之间，也存在于大学和中学之间。与欧洲和美国国家相比，我国高校还在学分互认方面做了一些有益的尝试。1994年，包括武汉大学在内的5所高校，以“资源共享、平等互利、优势互补、相互促进”为目的，实施了双主修和辅修互选的“联合办学”模式。2003年，包括上海交通大学在内的13所大学在多年实践的基础上，开始实施校际和跨学科的矿工系统。但是，目前我国学分相互认识改革才刚刚开始，学分制的改革还不成熟，学校之间的交流和学习只在地方进行。

（3）资源配置功能

学年制和学分制是两种完全不同的资源分配方法，这就决定了二者的调节功能也不尽相同。高等职业教育院校围绕人才培养的核心任务，对资源构成要素进行规划、编制、运用、评价和规范，形成多种资源分配模式和方式。

在学年教学管理制度中，教学资源的分配具有较强的计划性，学生的学习内容、课程配置、学习方法和考查方式等在教学计划中事先都是规定好的。但是，由于学分教育管理制度引入了职业选择制度，学生可以根据自己的能力和兴趣自由选择职业，自己制订学习计划，但无法对学习内容进行正确的估算。这导致学校在分配教育资源时，不能按照学年制不变的规范性计划进行所有的预先设定，只能根据过去的经验和当时的情况制订有益的教育计划并及时结合实际变化调整教育资源的分配。因此，信用体系对教育资源的分配具有更多的市场属性。

在实际教育改革中，由于教育资源的不足和人才培养的特殊要求，单一的学年制或单一的学分制是不可取的，组成方式是并存的。因此，学年教学管理制度的改革，不单纯是一个教育资源分配方法，不同的教育资源分配方法不可以替代。

（4）契约功能

理解传统的师生关系是基于知识传递和道德培养的关系。通过这种理解，教师可以作为知识的普及者和道德的说教者，用语言和行动来教导学生，甚至给予学生保护。古人云：“教学不严，教师懒。”学校的各个部门经常站在家长或管理者的角度来教育和管理学生。这种偏颇的理解常常会让学校陷入难堪的境地。在实际教育改革中，信用制度的契约功能随处可见，学校和学生之间需要建立以信用为基础的契约制度。通过这项改革，学校必须提高依法治教意识，正确计算每门课程的运营费用和教育费用，提高运营效率和管理效率。这样可以提高学生的诚实度和信用感以及责任感。

（5）分类分流功能

以上一年为基础的教学管理，由于人才培养目的比较单一、类型比较单一、课程结构比较高级、专业层次比较低，难以实现人才的转用和分类。例如，在当前的学分制教学改革中，部分高等职业教育院校推行按大类招生，大一、大二学生不分专业，所有学生接受通识教育，大三、大四学生根据学生的兴趣、爱好和优势进一步分类，逐步实现个性化的人才培养模式。人才的培养模式从过去的精英型向学术型、应用型以及复合型转变。这些实践不仅有助于学生的学习自由，而且有助于打破社会阶层化的分类。

第三节　创新创业

一、创新创业的概述

创新创业是指以组织创新、管理创新、商业模式创新、技术创新、品牌创新、产品创新、服务创新、市场创新、渠道创新等多个方面的一项或多项创新为基础的创新创业活动。创新是创新创业的独特属性，创业是创新创业的目标。

1. 创新创业的内涵

创新创业是以创新为基础的创业活动，这不是单独的创新活动，也不是单独的创业活动，更不是过去简单的企业家精神。创新强调原创性和开拓性，创业是指通过实际经济活动获得利益的经济行为。

因此，在创新和创业的概念中，创新是创业的前提和基础，创业是创新的目标和延伸。

2. 创新创业和传统创业的区别

创新创业与传统创业的本质区别是，企业活动是否有创新活动。这里的创新并不局限于技术方面的创新，还包括组织创新、管理创新、商业模式创新、技术创新、品牌创新、产品创新、服务创新、市场创新、渠道创新等各个方面。

简言之，创新就是为一种资源或活动带来新的价值。创新和企业家精神是指在这些领域中的一个或多个领域进行创新和创业的活动，传统的企业家精神是指没有任何方面创新活动的企业家精神。

3. 创新创业的特点

（1）高风险

创新创业是建立在创新基础上的创业活动，创新活动会受到人们固有认知、行为、知识结构、社会伦理等的影响，面临更多来自个人和社会的挑战。因此，创新创业比传统创业面临更多的挑战，更大的风险。正如彼得·德鲁克所说的，每一个真正重要的创新，每一个成功的创新背后就会有九十九个闻所未闻的失败。

（2）高回报

创新创业既可以是新技术、新理念的应用，也可以是对现有产品、技术和服务的优化组合，实现资源的优化配置。创新创业可以给客户带来更大的利益或新的价格，进而打造创业领域的“蓝海”，获得更大的竞争优势和回报。

（3）促进上升

创新是创业的前提和基础，而创新活动的成果只有通过创业活动才能高效实现产业化、市场化。在创业活动中，通过持续不断地优化资源配置，实现创新和创业的更新与迭代。创新促进创业，创业反哺创新，二者相辅相成。

（4）发现商机

为了响应党中央提出的“双创”精神，打造中国经济发展的新引擎，不断提高企业的创新动力、创新能力、企业家创新精神和创新成功率。以北京中关村发展为例，以“中关村 +”为理论指导，将中关村的优势资源和各地资源进行有效整合，形成促进当地产业发展和构建人才服务体系的有效途径。中关村从自身的使命、愿景和功能定位出发，凭借多年的发展实践和中关村的区位优势，为园区内企业提供人才培训服务，并在全国范围内率先建立了创新创业“三级四类”的培训体系。“三级”是指将创新创业活动划分为三个阶段：初始阶段、成长阶段和成熟阶段。所谓四类是针对创新创业的主体而言，主要指四类人群：第一类，创业者，包括企业老板、管理者、员工、大学生、下岗职工、退伍军人等；第二类，创业服务者，包括政府有关部门的公职人员、法律工作者、税务工作者、财务工作者等；第三类，创业投资者，包括政府投资机构、投资银行、天使投资机构、风险投资机构、股权投资机构和财务投资机构等；第四类，创业教育者，包括创投机构、高校教师和培训机构等。

二、高等职业教育院校创新创业教育的意义

高职院校要适应社会需要和时代发展，承担培养创新型、应用型、复合型人才的重要任务，承担为社会主义现代化建设培养人才的重要任务。努力办好人民满意的教育，全面实施素质教育，深化职业教育改革，着力提高职业教育质量，培养学生的社会责任感、创新精神和实践能力，促进高等职业教育内涵式发展，党的二十大报告为我国高等职业教育的发展指明了发展方向。所谓内涵式发展，就是高职院校更加注重人才培养质量，从过去只注重扩大办学规模向注重提高办学质量转变。而衡量高职院校办学质量高低的最重要指标就是高职院校能否向社会输出适应时代发展所需要的人才，以促进区域经济发展。

随着全球经济的加速发展，我国提出了“智能制造 2025”战略，企业转型升级成为必然趋势，全社会对创新型高技能人才的需求达到了前所未有的程度，这就对我国高等院校的人才培养工作提出了巨大的挑战，特别是要求高职院校在着力培养学生专业知识的同时，注重培养学生的创新创业能力、实践操

作能力和综合素质，具有高素质的创新型高技能人才还需要具有较强的社会适应能力和人才竞争力，培养具有较强创新创业能力的应用型复合型人才是我国高职院校人才培养的重要目标和任务。

三、高等职业教育院校创新创业教育现状及存在的问题

1. 高职院校对创新创业教育的思想认识不够深刻

我国大多数高职院校都开展了创新创业教育，但是对创新创业教育的思想认识不够深刻，我国高职院校创新创业教育还处于起步阶段，管理水平有待提高，管理经验需要积累。以湖南省高等职业教育院校为例，该校当前的创新创业教育基本处于探索和初级阶段，思维模式仍处于仅传授学生专业知识和技能训练的专业培养层面，只简单开设几门与创新创业相关的课程，让学生对创新创业的基本含义有初步的认识而已，学生并未建立创新创业意识。

高职院校的创新创业教育不能脱离专业而单独谈创新创业，脱离专业单独开展创新创业教育只能是教育的形式主义。高职院校创新创业教育应与各个专业本身的特点相结合，与专业人才培养机制深度融合，让学生积极参与到创新创业教育中。只有将创新创业教育与专业人才培养机制紧密结合，才能达到高职院校创新创业教育的真正目的和基本要求。

2. 创新创业教育课程的师资队伍力量严重不足

湖南省某些高等职业教育院校严重缺乏创新创业的课程师资，甚至有的院校安排没有创新创业理念和经验的教师来教授创新创业课程，致使创新创业教育课程只能按照理论课程模式授课，使创新创业课程的开设失去了原本的意义。创新创业课程是一门理论与实践深度融合的课程，既不是一门学术研究课程，也不是一门专门培训学生动手能力的实践课程，创新创业课程应具有较强的实践性和创新性，需要一批高水平、高质量的创新创业教师授课，这样才能激发学生的创新创业意识，从而达到培养学生创新创业精神和能力的目的，为我国的创新创业事业发挥至关重要的作用。

然而，现实情况是，湖南省某些高等职业教育院校普遍缺乏这样的师资队伍，对创新创业型师资队伍建设还远远不够，要解决这一难题，首先需要创新

创业型师资队伍对创新创业教育重要性形成强烈意识。

3. 课程体系不合理，课程设置亟待完善，教学过程不创新

目前，湖南省某些高等职业教育院校的创新创业教育还处于初级阶段，其中暴露出来的问题主要有以下三点：

首先，创新创业课程体系建设不合理。湖南省绝大多数高职院校都开设了创新创业课程，但尚未形成系统的培养模式和体系。有的院校将创新创业课程作为基础课程，设为学生的必修课程；有的院校将创新创业课程作为选修课程，由学生自主决定是否学习；还有的院校将创新创业课程作为社会实践课程，仅安排学生参加社会实践，并没有系统的理论课程支持。

其次，创新创业课程设置亟待完善。湖南省绝大多数高职院校都开设了创新创业课程，但是，如何设置课程，设置哪些课程，如何划分课时等尚缺乏深入研究。高职院校的创新创业教育必须与专业课程体系相结合，建立专业的创新创业的人才培养模式。

最后，创新创业课程的教学过程不创新，教学方法依然沿袭传统教学模式。目前，绝大多数高职院校虽然开设了创新创业课程，但是创新创业课程的教学经验比较缺乏，特别是创新创业课程只注重成功案例教学，忽视对失败案例的引入。因此，如何在教学过程中激发学生的创新创业意识，培养学生的创新创业精神，值得各高职院校进一步探索和深入探讨。

四、创新创业实训基地建设不完善

我国高职院校为积极响应“大众创业、万众创新”的国家政策，投入了大量的人力、财力和物力。特别是在创新创业实训基地建设方面，各院校都做出了积极的努力，包括建立创新创业培训平台、协同创新创业中心、创业创新空间，建立创新创业孵化基地等，各具特色。然而，随着实训基地的建立，各种问题纷纷显现。培训演练不到位，培训设施、培训经费等因素对培训效果有明显制约，实训基地建设并不能完全满足学生创新创业的培训需求。

1. 提高思想认识

目前，我国高职院校创新创业教育还处于起步阶段，亟待探索一条适合我

国特色的创新创业教育发展道路。高职院校的创新创业教育首先要从思想意识入手，结合专业发展特点和人才培养模式，积极有序地推进高职院校的创新创业教育，探索出符合高等职业教育院校特色的创新创业教育之路。

2. 组建一支结构合理的专兼职创新创业型师资队伍

创新创业教育需要一批高水平、高质量、富有创业经验的教师队伍，根据创业经验，教学团队主要来自三个领域：经济、技术、政府部门。高职院校创新创业教育教师队伍主要由两部分人组成，一部分是院校的专职教师，另一部分是从社会上聘请的兼职教师。兼职教师必须有一定的创业经历，有良好的学术背景，最好是成功人士。同时要为高职院校创新创业教育教师队伍建立智库型团队，对创新创业教育过程中出现的各类问题进行深入研究。另外，成立专门的指导学生创业实践的师资队伍，对学生在创新创业实训过程中遇到的问题及时给予解决。

3. 建立完善的创新创业教育课程体系

高职院校要想开展创新创业教育并取得良好的效果，就必须建立健全创新创业教育课程体系并有效实施，只有将创新创业课程落到实处才能取得创新创业教育课程的真正目标，而落实创新创业课程的根本是通过课程体系实现的。创新创业课程注重培养学生的创新精神、创新能力、创业精神、创业能力。在教学形式上不能完全依靠传统的教学模式，要采用灵活的教学方式，创新教学内容，以利于激发学生的创新精神、创业激情、奋斗精神、创业意识。因此，创新创业教育课程体系的设置必须与专业课程体系紧密联系，不能就创新而谈创新，两者要相辅相成，相互促进。

4. 建设设备齐全、功能完善的创业型实训基地

创新创业培训基地的建设不是一蹴而就的，也不是整齐划一的，各高职院校需要结合自身创新创业教育的实际情况，整合多方资源，鼓励企业积极参与创新创业实训基地、创新创业培训平台、协同创新创业中心、创新创业孵化基地等建设，实现资源的有效整合。建设全功能创新创业实训基地，可以有效整合资源，建设大型、全功能实训基地。关于建设实训基地的资金来源可采用多途径，一方面可以院校自筹，另一方面可以引入社会资本，校企联合投入，还

可以申请政府专项基金项目，等等。

5. 重点培养学生的创新精神和创业素质

当今社会，创新是一个国家繁荣昌盛、一个民族兴旺发达的不竭动力。因此，培养学生的创新精神和创业素质已成为高等职业教育院校的育人使命。学生作为创新精神和创业素质的培养主体，高职院校创新创业教育的开展必须以学生为本，将创新精神和创业素质融入专业人才培养全过程，系统性构建高职院校创新创业教育培训体系，同时结合专业课程体系建设，将创新精神和创业素质深度融入高职院校人才培养体系。高职院校可以通过具体的、可操作的创业培训项目潜移默化地培养学生的创业精神和创业素质，掌握创业必备的技能，最终实现创新精神和创业素质的提升。

我国高等职业教育院校的毕业生人数呈逐年递增趋势，与此同时产生的就是逐年增大的就业压力，因此，高职院校学生的就业就成了全社会高度关注的热点问题，创新创业教育有效带动了这个问题的解决。如何教会高等职业教育学生创新创业是各个高等职业教育院校义不容辞的责任，因此，高等职业教育院校必须重视创新创业教育研究。本文从高职院校创新创业教育的意义入手，深入分析了我国高职院校创新创业教育的开展情况和主要问题，并针对问题提出了相应的解决方案，对创新创业教育的实践具有很好的借鉴意义。

第四节　现代学徒制

一、我国现代学徒制的概述

1. 现代学徒制的概念

2014 年，中华人民共和国教育部为了进一步深化校企合作、产教融合，提出了现代学徒制这一创新技能型人才培养模式。

现代学徒制是以校企深度合作为基础，由院校教师与企业导师共同授课，以技能培训为主的现代人才培养模式。现代学徒制注重学生技能的培养，人才培养不再仅局限于院校，而是由院校和企业共同主导，与传统的班级人才分类培养模式完全不同，深刻体现了校企合作的进一步融合。

现代学徒制适合当今社会的需求。当下社会的经济主体是企业，而与社会发展息息相关的群体便是学生，要使我国社会的经济发展更具生命力，必须将两者结合起来，将现代学徒制应用于高职院校，同样能够为我国未来社会的发展打下坚实的基础。

现代学徒制实现了专业设置与行业需求的衔接、课程内容与职业标准的衔接、教学过程与生产过程的衔接、毕业证书与职业资格证书的衔接，极大地提升了行业组织和企业对职业教育人才培养的参与度，更重要的是将职业教育与终身学习相联系，提高了人才培养质量和针对性。

2. 现代学徒制的内容

现代学徒制设立的目的是提高学生的实际能力，主要针对学校的教育工作，现代学徒制指的是在实践过程中进行学习，最终培养出能够针对不同问题进行有效工作的人才。现代学徒制大多针对在校学生实施。学校如果拥有足够的资源，可以在教学过程中为学生提供训练的场所以及各种器械。在教给学生专业知识之后，还要让学生学会将这些专业知识运用于实际操作中。

但是当今的学校尤其是资金较为缺乏的学校，没有能力在学校中设置足够的资源供学生使用，这时便需要考虑新的方式。现代学徒制为了适应这一情况而出现在各个院校中，现代学徒制大多应用于技校中，技校学生在接受训练后可以到与学校合作的企业中进行实习，巩固自身所学的知识，将自身所学知识应用于工作中。学校和企业可以共同制定规章制度，将学生在企业的表现纳入学业综合评价结果。采用这种方法，学生在为了获取学位证书而学习的同时，可以申请专业资格证书，学生完成学业便能够参加到社会生产中。

3. 现代学徒制在当代的优点

现代学徒制具有较多优点，首先提高了学生的学习质量。通过实践教学学生能够对所学知识具有更加深刻的了解，通过实践对所学知识进行巩固。在实践中也可能遇到课堂上不曾遇到的问题，这时可以通过询问一些专业人员，了解其发生原理及解决方法，这样在日后的工作中就能避免出现重大失误。

此外，现代学徒制的存在使学生可以在较短的时间内获得多个证书，不仅有学校的证明，还有各种专业领域的资格证明，对学生日后工作有直接的帮助。实行现代学徒制不仅有利于学生，而且可以降低学校成本，为企业培养专业性人才，学校通过与企业进行合作可以以极低的成本换取企业各种设施的使用权，为学生提供优质的教学，学生的学习质量就会提高，他们就会拥有较强的专业能力。

企业也可以在培养人才、提高学生学习质量的同时，为学生的未来提供一个选择，如果学生觉得企业的环境合适，可以与该企业双向选择，可以应聘，企业根据学生在实习中的表现为其提供适当的就业机会，这样避免人力资源浪费。

4. 现代学徒制中存在的问题

虽然我国现代学徒制已经具有较为成熟的体系，但依旧存在一些问题需要解决。在监管方面，学生在企业实习时大多是由所在企业专门负责人员进行监管，部分企业在对学生进行监管时没有派遣专业人员，大多较为业余。在对学生监管的过程中不够严格，导致学生实习时如果出现错误很难被及时纠正，影响实习质量。

部分企业和学校对学生进行监管时缺乏有效的协商，教师在对学生的监管方面限制较高，学校和企业之间存在较多矛盾。此外，现代学徒制缺乏先进的管理技术，管理效率较低同样是导致难以对学生进行有效监管的原因之一。在教学内容方面，部分企业只注重对某一方面知识的实践教导，没有覆盖学生所学的所有知识，因此学生的实践能力较为片面。教师和学生的交流不足，没有发挥教师应有的作用，同样是影响学生学习质量的因素。

二、改进现代学徒制的方法

1. 构建合理的现代学徒制体系

现代学徒制发展到现在，其最大的问题就是监管体系不够严格，在建立健全现代学徒制体系的过程中，应该加大对现代学徒制监管体系的力度。在构建监管体系时，需要学校和企业双方加强合作，企业在对学生进行监管时，要派遣专业的技术人员对学生进行教导，当学生出现问题时，对其进行及时纠正，企业可以将指导人员的工作质量与学生的实践效果相结合，对于学生在企业的学习成果企业要定期检查，并将检查结果及时反馈给院校，在对学生进行监管方面也不能全部由企业进行，学校也应派遣教师对学生的学习情况做定期的抽查，给予学生压力，督促其进行有效学习。

在构建现代学徒制的过程中，不仅需要对监管部门的建立投入精力，还需要对其他部门进行构建，并加强各个部门之间的联系，有效利用现代学徒制开放性较强的优点。在现代学徒制体系构建中，教师也是重要的组成部分之一，教师与学生的直接接触最多，更了解学生在学习和生活中容易遇到的问题。

在现代学徒制体系中，教师也应发挥应有的作用。学生作为学徒在企业实习过程中需要教师的陪伴，教师不仅要监督学生的学习过程，还需要指出学生在实践过程中存在的不足，提高学生的技术水平。学校在对学生进行教导的过程中，应配置多名教师负责学生不同的教学工作，这样能够更加全面地照顾学生的学习，以及提高实践效果和教学质量。

2. 采用先进的信息化技术

在信息化时代，为了提高现代学徒制下学生的学习效果，学校和企业可以采用先进的信息化技术对学生进行管理，企业和学校可以共建一个平台，将学生的个人信息登录在平台上，根据学生的专业，分配相应的实习岗位，及时在平台上更新学生的实习记录，并对学生评分。这一工作由企业和学校共同进行。

在选择公司的时候，学生选择的公司可能与他们的专业不符，企业提供的部门职位可能技术性并不高，不利于学生提高自身的技术水平。采用先进的信息化技术可以有效地解决这一问题。学校可以将各个企业提供的部门发布到网络平台，当实习时，学生可以通过网络访问学校平台，了解各个企业提供的职位，有条件的学校可以对企业提供的职位进行初步分析，对企业优秀的部门进行标注，为学生提供有效的参考，减少学生选择的盲目性。教师也应和学生之间加强联系，在选择企业进行实习时，学生可以向教师进行咨询，教师根据学生学习过程中的表现，再结合学生的意愿为其提供合理的选择方案。

3. 加强对教学内容的改进

现代学徒制下学生进行实习具有较强的专业性和针对性，因此学校在安排学习内容时应将专业细分到各个岗位，在学完基础知识后针对专业知识进行更深入的学习。

在进入企业实习的过程中，学生运用的知识往往更具针对性，在企业中练习的技能无法覆盖整个学习内容，对学生的课程内容进行合理安排能够将更多时间应用于对学生作用较大的方面，使学生在学习过程中能够明白自身所学知识的应用方向，在学习时更加深入，在日后的工作中具有更强的竞争力。在对课程进行安排时，还需对课程的时间进行合理的安排，增加内容较多的专业课的教学时长，使学生学得更深入，为学生提供足够的时间来巩固所学知识，在应用时才能够得心应手。

现代学徒制的教育目标是培养具有专业能力的复合型、应用型人才，这在我国高职教育人才培养中发挥着重要作用，有效推动了我国高等教育人才在社会发展和进步中的促进作用。现代学徒制教育已经受到了广泛关注，还应继续在更多高职院校中推广实施。

国外现代学徒制充分发挥了企业的积极性，鼓励企业对现代学徒制的投资作为履行社会责任的一部分，这不仅是对企业自身的投资，更是对企业未来发展、人才储备的投资；不仅充分发挥了企业在现代学徒制培训中的主导作用，而且极大地激发了国外现代学徒制发展的活力。

我国现代学徒制发展的资金主要来自政府拨款。高职院校依靠政府资金支持现代学徒制发展，企业只对现代学徒制的一小部分进行投资，学生还需要自己承担学费。因此，资金成为限制我国现代学徒制发展的首要因素，我国现代学徒制的发展需要建立符合我国高职教育发展特色的资金筹集机制，不能完全依靠政府拨款，要充分发挥社会力量，鼓励企业积极参加现代学徒制的共建，提高企业对职业教育人才培养的关注度。

第六章　现代产业学院建设的历程

第一节　深化产教融合大背景下合格人才的培养

党的二十大报告明确指出，推进职普融通、产教融合，不断优化职业教育的类型定位。从国外职业教育的发展实践来看，产教融合是职业教育发展的本质要求，也是保障职业教育长效发展的基本办学模式。企业发展要解决“卡脖子”问题不仅需要顶尖人才，还需要专业技术技能人才，企业要想获得持续发展的人才动能，产教融合道路是必经之路。

近年来，为适应我国现代化建设的快速进程，全国职业教育、高等教育都纷纷制订了教育转型升级的发展计划，其共同之处就在于都以人才培养模式改革为核心，并在实施过程中取得了较大的进展。

2019 年 5 月，在第六届产业与教育融合发展战略国际论坛上，中国社会工作联合会会长陈存根以“坚持正确的教育方向，培养合格的建设型人才”为主题作了主题报告。陈会长说，本次论坛以“劳动、实践、创造——开创教育现代化新时代，加快教育现代化新征程”为主题，就是要深入贯彻党的十九大精神，稳步推进我国教育现代化进程，培养现代化人才。大批的高素质人才是提升我国人力资源质量，发展壮大现代产业体系的重要保障，深化职业教育改革、高等教育改革是我国当前教育发展的迫切任务，因此，我国现代人才建设应从以下四点入手。

一、坚持正确的育人方向

人才是实现民族振兴、国家富强、赢得国际竞争的重要战略资源，人才是发展的第一资源。培养社会主义事业的建设者和接班人，不仅要有真才实学，还要有高尚的品德，培养越来越多的德、智、体、美、劳全面发展的高质量人才是我国教育工作的基本出发点，要使学生政治过硬、身体健康、理论过硬、技术过硬、实践丰富。教育工作的核心是爱党爱国家爱社会主义，为中国特色社会主义事业奋斗一生。教育工作的关键是要有真才实学，有实践技能，毕业后能够为社会的发展进步做出贡献。产学研结合是实现这一目标的重要途径。

人无德而不立，立德是教育的根本所在，教育教授学生科学文化知识的同时，更要加强其思想品德修养，健全人格，锻炼意志品质，培养学生勇于奋斗的精神，积极参加社会实践活动，培养学生刚健有为、自强不息的人生态度。

二、秉持教育公益性原则

教育公益性是我国教育始终不可动摇的根本所在，只有坚持教育的公益性原则，才能确保教育经费真正用到学生身上，确保教育发展的初衷是从真正为学生的发展出发。要建立“政府主导、产业主导、校企合作、资金保障”的应用型人才和复合型人才培养新模式，尤其要严格限制实践教学经费。

政府作为教育事业的主导者，通过顶层设计，政策保障，加强教育投入，保障办学经费，正确引导企业参与产学研结合，严格执行办学资格录取制度，坚持严格的教育质量评价体系，履行监督职责，防止“一支粉笔＋几台计算机”开办学校或开设新专业。

高职院校既是教育的执行者，也是社会人才的供应者。要认真履行教育改革和人才培养职责，正确处理教育培训与社会经济发展需要的关系，不断加强实践教学环节，确保切实可行的教学条件。

企业作为生产与教育融合的参与者，必须积极履行用人单位的社会责任和义务，积极主动参与教育事业，不要仅以经济利益作为主要活动目标。

行业组织和学术机构作为校企合作、产教融合的监督者、服务者，需要通过不断的自我完善，为产教融合的发展做好知识服务、专业顾问和监督把关等工作，真正在产学研融合健康发展中发挥作用。

三、深化产教融合的教学改革

深化产教融合的教学改革不只是每个教学项目加强和企业的合作，而是要从教育改革的源头入手，将人才培养目标转变为培养复合型、应用型、高水平专用人才，战略与战术相结合，建立一套系统、完善、科学的实践教学体系，夯实产教融合的建设基础。

1. 明确办学培养目标

高职院校学生的培养应该注重分析问题、解决问题，强调实践能力和技能的提高，必须遵循产教融合协调发展的要求，有效改变高职院校的办学目标，避免盲目向研究型大学学习，只专注专科升本科，学院改大学的硬件建设，大学只注重争硕、博点，追求所谓的“高、大、全”“重名字面子、轻学子里子”等现象。

2. 优化培养方案

根据专业培养目标制定人才培养方案，学科建设、课程设置和学时安排既要有扎实的专业理论学习，又要有丰富的实践训练，使职业教育与劳动生产、社会实践、工作任务、社会管理紧密结合，让学生清楚地知道做什么、为什么做以及怎么做。高职教育应注重增强专业教学要求的针对性、任务的明确性和就业定位，倡导以实际工作为标准的实训。

3. 建设一支资质合格的教师队伍

教学队伍建设既要不断丰富学校教师的专业理论基础，又要努力提高教师的实践教学能力，建立岗位规范、岗位要求和评价标准，聘请品行良好的管理人员、技术熟练的技术人员，以及企业和社会中经验丰富的高级技术人员担任兼职教师，形成一支符合要求、优势互补、教学满意的专兼职教师队伍。

4. 完善教学计划

在实践教学环节，包括教学目标、教学内容、教学方法、课程安排、教学时间、上课地点等都有明确的安排，严格依照教学计划的要求进行。

5. 加强实践教学环节建设

加强实践教学环节建设的首要条件就是加强高职院校实践教学条件的基础设施建设，这不仅包括实训基地、实验室、实习工厂等教学环境建设，还包括实践教学教具、教材等教学用品，这是确保实践教学效果的前提条件。实践教学必须有足够的学时，不能只是数字的增加，更不能是放养式的安排，这项工作不能堂而皇之，要确保教学质量，切实提升实践教学质量，保障学生实践能力的提升。

6. 加强考核

实践教学需要有明确的考核目标，细分考核指标和考核项目，区分考核内容，不断改进考核方式。无论是理论作业还是教学实验报告，无论是实习训练还是毕业考查，都需要教师一一指导，严格要求，因此，对于教师的教学考核需要建立严格的奖惩机制，确保实践教学的有效执行和效果保障。

四、创新完善产教融合的体制机制

在根本保障上，要建立“政府策划、部门协调推动、学校落实、企业支持、师生积极参与”的稳定产学研融合运行机制。这就要求国家制定和颁布专门的政策，形成促进产学研结合的制度体系和保障机制，确保产学研结合稳定、有序、持久、健康发展。

1. 制定产教融合协调发展规划

地方政府要根据当地产业发展的实际情况和教育水平，统筹地方经济发展的实际需求，协调各地相关产业部门，制定中央统筹地方融合的产教融合协调发展规划。

2. 建立政府指导、校企协作机制

明确政府、学校、企业的权利、责任、利益及其关系，协调推动产教融合成为行业发展需要和企业长期的社会投资。

3. 指导行业发布人才需求

行业人才的培养是教育部门、行业协会和企业共同关注的社会性问题，行业协会是指导行业人才培养的主要机构，制定行业人才培养和评价标准，关注企业发展需求定期释放行业人才需求，同时，指导各高职院校根据经济社会发展的实际需求及时调整人才培养规划，并使企业人才培养和评价接受行业组织的监督。

4. 畅通校企通道

激发企业参与办学的主动性，在人才共建计划实施、人才培养目标制定等方面积极发挥企业善于创新改革的优势。通过校企合作，共同探讨学科专业建设，共同研讨专业课程设置，共同组建师资团队，共同创建实训基地和实习工厂，形成人才共建、成果共享、相互促进、产教协调发展的产学研融合发展新局面。

政府、学校和企业要为高等职业教育的师生创造条件、提供机会，不断为师生教学实践能力的提升解决真实问题，提供有效措施，为师生深入一线教学实践提供坚实的物质保障和后续支持，为完善产教融合规划提供畅通渠道。

5. 建立产教融合办学评价制度

教育主管部门和行业主管部门共同开展产教融合办学质量和社会贡献评价体系建设，定期举办经验交流活动，将产教融合注入高等职业教育院校的办学文化和育人追求中，助力其得到社会的大力支持和充分尊重。

6. 全面改革高职院校教师职称评定和晋升方式

有效改变当前高职院校职称评定只看论文发表数量，不看其经济效益与社会贡献的做法，将促进产教融合，助力产业升级，服务社会，促进经济社会全面协调发展作为高等职业教育院校教师职称评审晋升的指挥棒。

不断探索和建立更加科学、有利于就业和业务能力并重的职称资格评价方法，不断推动全社会科技进步和生产力水平的提高。加强评价对教学实践环节的针对性，强调对学生实践能力和解决问题能力的评价，迫使高职院校重视教学实践环节。

第二节 高质量发展，产业学院优化提升

高等职业教育院校的产业学院是高等教育环境变化的必然结果，是产教融合的一种新型组织形态，不仅打破了传统的封闭办学模式，而且有效地整合了院校和企业的教育教学资源。资源整合能力强、毕业生素质高和独具特色的专业集群是产业学院核心竞争力的具体体现。产业学院核心竞争力的提升需要从四个方面入手：第一，优化资源整合机制，实现价值的再次增值；第二，提升科研能力和服务产业能力，不断扩大产业学院的综合竞争力；第三，强化产业学院的创新机制，增强产业学院的专业活力和人才培养优势；第四，突破教育教学“瓶颈”，大力引进企业进校园，推进专业建设的内涵式发展。

2017 年 12 月，《国务院办公厅关于深化产教融合的若干意见》将产学研相融合机制提升为国家教育改革和人力资源发展的基本管理制度，鼓励企业积极参与高职院校产教融合，以增强高职教育的人才培养动力。近年来，我国部分高职院校充分发挥自身的专业优势和专业特色，以特色专业集群为载体积极创办了大量产业学院，推动了我国高职院校教育改革的局部深化和重点难题的突破与解决。

为了增强企业的竞争力，帮助个人就业，20 世纪初，英国借助现代互联网信息技术，建立了一个开放的远程学习组织——产业大学，为社会提供高质量的教育服务。借鉴英国产业大学发展经验，我国高等职业教育院校从 2005 年开始建立产学研一体化机构，从教学理念、人才培养方式、教育管理机制、产学研对接与融合等方面全方位加强和企业的密切合作，建立了深度融合的校企合作共同体——产业学院，开创了工学交替的人才培养模式。此后，产业学院成为多所高职院校协同合作形成的创新发展共同体，也是高职院校深入融入特定产业链和创新链，从理论院校向应用院校转型的重要标志。可以说，高职

院校的产业学院是集专业、合作、服务于一体的。

产业院校对于我国现阶段的职业教育发展来说还属于一种新兴事物，其研究尚处于探索阶段，当前的研究主要集中在产业类院校的概念、特点、发展前景探索等浅层问题的研究，对于产业类院校的发展内涵与育人模式涉及得比较少。产业类院校最大的价值在于促进高职院校的特色建设和转型发展。因此，国内对产业类院校的研究，应该重点对产业类院校如何完善自身特色、提升核心竞争力进行深入探讨，实现学院的价值。

一、产业学院的原生动因与多元模式

（一）产业学院产生的动因

根据对高等教育内外部关系原理的研究发现，高等职业教育具有高度的复杂性，制约高等职业教育发展的不仅包括内部因素，还包括社会需求、产业发展等外部因素。改革开放以来，我国高等职业教育的发展环境发生了翻天覆地的变化，这些变化主要体现在以下四个方面。

1. 高职人才供需关系由院校主导转变为市场主导

科技日新月异，知识的更新不断加速，这直接阻碍了经济发展，极大地缩短了产业转型升级的周期，进而导致社会人才供需结构发生深刻变化，主要体现在人才培养方式、人才需求类型、人才考核标准等方面。人才市场的“买方”与“卖方”关系发生了深刻变化，以高职院校为主体的人才“卖方”市场开始转向以社会需求为主体的人才“买方”市场。过去，高职院校可以根据自己的意愿设定人才培养的规范和形式；现在，人才培养的规格、形式、模式逐渐由市场决定。因此，高职教育的发展必须尊重行业对人才规格的要求，按照需求侧的要求改革高职院校的人才培养结构。

2. 社会对高等职业教育的角色预期发生了改变

长期以来，高等职业教育一直在“适应理论”的影响下发展。随着知识经济时代的到来，创新驱动发展已成为经济社会发展的第一动力，而创新驱动发展的核心要素就是人才。多边产业融合发展迫切需要大批应用型、复合型人才，社会需求倒逼高等职业教育院校人才培养体系做出调整，迫切需要高等职业院校成为行业经济发展、产业转型升级的人才培养摇篮，为社会经济发展提供人才动力和引擎。

3. 高等职业教育发展方式的转变

我国高等职业教育一直是在政府的多方管理下发展起来的。随着我国教育体制改革的不断深入，高职院校开始自主发展。作为教育发展的主体，高等职业教育的发展离不开区域经济发展的产业链和创新链。因此，既有的相对封闭守旧的校园管理方式和人才培养方式就成为高等职业教育院校改革的桎梏，而产教融合、校企合作打破了院校和企业过去隔离发展的关系，将二者的发展有选择地勾稽，打造了新型产业链，这将成为高职院校未来的发展模式。高等职业教育院校的转型模式必须做到内涵式发展和精准式发展并重，这将极大地促进我国高等职业教育院校教育体制改革的跨越式发展。

4. 高等职业教育面临全面的深层次改革

当前，我国产业转型升级呈现出深刻性、多样性、综合性等特点，这在客观上要求我国高等职业教育必须进行相应转变，无论是人才培养还是教育科研方面都需要进行深层次调整，特别是在师资队伍方面必须进行革新性的改变，否则无法满足未来高等职业教育发展的客观需求。在产业服务方面，必须实现变革性突破，特别是建立高等职业教育与社会、产业深度协同、高效灵活的适配体系。

在此背景下，高等职业教育院校之间的竞争并非如之前一样由其规模决定，而是由学院自身的人才培养特色或品牌专业决定，这就要求高职院校要以国家重大战略需求和产业转型升级为切入点，将自身固有的教育发展特色和重点相结合，发挥传统优势的同时创新人才培养模式，不断优化人才培养结构、提升人才培养质量，因此，产业学院将成为高职院校深入改革的组织突破口。

（二）产业学院发展的多元模式

产业学院既是高职院校产学研结合的重要举措，也是高职院校与企业合作共赢的组织形式。国外产教融合模式主要包括美国的“合作教育”模式、英国的“三明治”模式、德国的“二元制”模式、日本的“产学研合作”模式。美国学者内森·C. 霍尔和赛楠·E. 杰克逊等人的研究表明，高职院校产教融合的教育模式对学生的学习和就业都产生了积极影响，学生毕业后的就业机会和工作水平都会有所提高。在个人提升方面，未参与产教融合的学生优势更大。戈文达和泰勒等人通过对南非约翰内斯堡大学实施的生产与教育一体化项目的绩效研究表明，生产与教育一体化可以提高毕业生的就业竞争力，对减少失业具有积极的驱动作用。凯西·亨施克等人认为，影响产教融合实施有效性的因素主要包括参与合作的企业高管和学生的内驱力、实训场所的环境、学生自我发展的动机、学生的自学能力等。在美国，以“合作教育”为典型模式的产教融合发展已从最初的工程领域扩展到经济学、教育学、管理学等50多个学科和领域，并且还在往更多学科和领域扩展。目前，“合作教育”模式已覆盖美国三分之一以上的高职院校，为美国经济社会发展提供了大量急需的专业技术人才。

产业学院作为一种新型的产教相结合的教育组织形式，是我国高职院校转型发展的必然选择。院校和企业共同整合教育教学资源是对高职院校传统的“校企合作”“订单式”培养、“实习后”培养和“实训基地”建设的转型升级。目前，许多高职院校都建立了产业学院，例如，福建省各高职院校与行业、企业建立了38所工业院校，涉及化工、汽车、装备等行业。常熟职业技术学院、宁波大红英学院（现更名为宁波财经学院）等高校与行业、企业合作创办各类产业学院，为传统高等职业教育院校的发展模式注入了新的活力。从发展现状来看，虽然各高校已经积累了一定的办学经验，但由于办学时间较短，缺乏深层次的积累，产业类院校作为高职院校的一部分，结合行业和企业对办学的深度参与，经历了深刻的转型和发展。但在产业学院办学过程中，存在顶层设计缺失、治理机制不完善、行政色彩浓厚、产业服务能力弱等问题。因此，正确认识高职院校在教育改革中的核心竞争力与主要缺陷，有助于高职院校在转型升级中尽快提升核心竞争力。

二、高等职业教育院校产业学院核心竞争力的基本要素

核心竞争力的概念是由哈佛大学普拉海拉德（C.K.Prahalad）和海默（GaryHamel）在1990年首次提出。从学术研究的角度来讲，普拉海拉德和海

默认为核心竞争力是在组织中积累的知识的集合，尤其是那些协调不同生产技能和集成多种生产技术的综合性知识集群。

根据普拉海拉德与海默对核心竞争力概念的界定，学术界普遍认为，核心竞争力必须具有两个基本特征：通过长期的知识技术的学习、经验的积累、文化的传承，实现资源、知识和技术的变现，帮助组织达到提升竞争能力的目标。核心竞争力不只是一个简单的概念而已，而是一个综合多种知识和技术的复合性概念。基于这一认识，结合高职院校产业类院校的组织特点，笔者认为产业类院校的核心竞争力应具备以下三个基本要素。

（一）具有高效的资源整合能力

普拉海拉德与海默等学者认为，组织的核心竞争力主要来自组织内部，通过对自身各种资源和技能的整合、优化和高效配置来实现组织能力提升的一种综合性的整合能力，具体包括：组织管理能力、组织治理能力、业务拓展能力、专业技术能力等。这种整合能力既包括组织内部的能力，也包括与组织外部关联的能力。组织内部的能力包括：组织内部优质资产优化配置、组织结构、员工能力、组织行为和组织文化等多个维度等。与组织外部关联的能力主要是指从外部获取知识和技能的能力。

美国学者巴顿（D. L. Barton）以公司的核心竞争力为研究对象，指出公司的核心竞争力主要来自其内部的创造性工作，与其企业的规模、人员数量、纳税金额等并不完全成正比。同时，核心能力也不应简单地视为技术和人的技能，而应是一种制度化的系统，包括所有管理系统、技术、技能、物理系统、价值观等，是一种可以被接受的、具有明显竞争力的、综合性的知识体系。由此可见，巴顿提出的核心竞争力是一个系统性的、制度化的、具有长期开发潜力的知识体系，是能够为组织带来长效竞争优势的。

产业学院是高职院校教育改革的一种新型组织形式，是高职院校优质资源与企业优势的整合，这不仅包括优质的教育资源，也包括引入的企业的资金、人力、制度等优质资源，这种新型产教融合模式为提升产业学院的核心竞争力奠定了坚实的组织基础，指明了职业教育改革的新方向。产业学院以区域产业经济发展需求为导向，与行业组织、企业建立了紧密的合作机制，建立协同办学制度，在多元结构化治理理念的指导下，建立高效顺畅的运营管理机制和高效的沟通机制，将极大地聚集优质社会办学资源，有助于产业类院校的办学发展。产业学院特殊的组织结构、运行机制和资源整合能力将成为产业学院保持可持续竞争优势的动力源泉。

（二）拥有独特的专业集群

巴顿认为组织成员的管理能力、知识、技术和组织文化都属于组织技术的范畴，这里的技术包括“硬技术”和“软技术”两个方面，其中，组织的核心竞争力是组织的核心技术，简言之，组织的核心竞争力的大小在很大程度上取决于组织所掌握的知识或技术水平。技术的核心竞争力主要体现在复制和模仿技术的难度上。美国学者巴尼（Jay B.Barney）指出，许多物理资源很容易被模仿，竞争对手可以通过建立类似的工厂来完全复制工艺技术，这就是所谓的“硬技术”。但是，“软技术”是很难被模仿或复制的，因为“软技术”是企业通过团队合作、管理理念、组织文化和组织结构等非量化指标经过长期磨合形成的，不具有可复制性。组织的一切行为和决策都会对组织能力的形成产生影响。巴尼以惠普为例，指出惠普建立了良好的团队激励机制和跨部门协作机制，实现了不同产品的技术兼容，即使竞争对手可以抄袭惠普的产品生产技术与研发流程，但无法复制其核心技术——“文化软技术”。

高职院校产业类院校的核心竞争力并不完全体现在物质资源等“硬技术”水平上，更重要的是体现在“软技术”上，也就是其独特的专业集群。通常而言，产业学院会有一批聚焦区域产业发展新业态、新动向，代表区域先进技术水平和战略发展需要的特色专业或专业群体，专业或专业群体则代表了地区经济发展的新方向，建设目标清晰，定位准确。同时，产业学院的“软技术”不仅包括科研实力，还包括人才培养能力。产业学院通过与行业组织、企业建立人才培养共建体系，使行业组织、企业参与人才培养的全过程，以满足区域产业发展、企业发展对人才的需求。充分发挥高职院校的学术优势，建立畅通的信息传递渠道，有助于优化校企沟通协调机制，提升人才培养要素的优化配置，进而通过校企合作实现高效、优质的内部运作。将资源优势转化为高职院校的人才培养优势，成为产业类院校核心竞争力的主导要素。产业院校的各种

"软技术"具有排他性强、难以模仿、建设周期长等特点。竞争对手模仿很容易，但要复制和超越却很难。

（三）打造高质量的毕业生

市场是企业制胜的竞技场，也是检验企业真正实力的裁判。市场的认可度是衡量企业核心竞争力的重要指标。一个企业或组织的核心竞争力不仅体现在创新技术、创新人才、品牌影响力、资源整合能力和组织文化上，更重要的是体现在企业的产品和组织绩效上。也就是说，企业的核心竞争力必须在产品平台上得到确认。所谓产品平台，是企业产品存在和交易的平台，市场是体现企业核心竞争力的重要平台。

人才培养、科学研究和服务社会是高职院校的核心职能。因此，人才培养质量、科研成果和社会服务质量就成为高职院校的"核心产品"。就产业学院而言，高素质的毕业生是其核心竞争力最重要的外在表现。人才培养质量包括人才与社会需求的契合度、毕业生的职业满意度和用人单位的用工满意度三方面内容，具体体现在毕业生的知识技能与新产业、新业态的匹配程度上，毕业生对职业发展的满意度，以及雇主对毕业生整体表现的评价。同时，产业学院可以直接开展科技项目对接与科研成果转化，这些是衡量产业学院的核心竞争力是否具有持久性，其研究方向是否代表新业态的发展、学科研究领域，是否产生了一批高水平的学术研究和技术应用成果，学科研究成果是否能转化为教学实施过程，特色优势学科是否具有较强的竞争力和影响力等重要指标。

三、高等职业教育院校产业学院核心竞争力的提升路径

从本质上看，高等职业教育院校产业学院的核心竞争力最终体现在为高等职业教育院校在竞争中获得优势，产业学院要想赢得更大的发展空间，就要不断创新体制机制，不断丰富和整合其各种具有高价值、独特性的核心要素。

（一）创新高职院校产业学院的体制机制，增强其异质性和竞争活力

产业学院是高等职业教育院校和企业深度合作的"利益共同体"，合作双方需要高度融合。产业学院在治理理念、组织结构及运行机制等方面创新了校

企合作的体制机制，引企入校增强了高职院校异质要素的活力，是我国职业教育改革进程中一种新型的、深入的产教融合合作模式。产业学院突破了以往高职院校与企业合作过程中企业参与积极性不高、稳定性差、无法融入教学过程、人才培养质量难以保证等难题，创造性地解决了高职院校不熟悉行业、产业、企业生产发展实际等深层次问题，从根本上改变了原有松散的校企合作模式的本质，产业学院有效化解了校企之间异质要素的“排斥”反应，激发了各种异质要素的校企合作活力，形成自身独特的竞争优势。因此，高等职业教育院校需要从以下四个方面对产业学院进行制度机制创新。

1. 加强顶层设计

加强顶层设计包括在组织架构、合作形式、资源配置等方面，在管理上有别于传统高校的管理方式，赋予产业学院更多办学自主权，特别是在专业设置、课程安排、实训方式、考核模式等方面增强企业的话语权。

2. 组建新型校企董事会

新校企董事会的设立应遵循权利平等、分权的原则，按成员比例确定企业参与高职院校内部管理的规模和话语权，高职院校实行董事会领导下的院长负责制。在院长统筹管理下，遵循“分权、制衡、民主管理”的管理理念，采用目标管理的绩效考核方法，建立多主体共治的联合决策机制及退出机制。

3. 整合高职院校和企业的优质资源

通过“项目制”“股份制”等多种合作方式，有效整合高职院校和企业的优质资源，实现产业学院的高效管理机制，充分激发企业的参与活力。

4. 实行独立自主的管理运行机制

产业类院校要实行独立自主的管理运行机制，在教学管理、资产管理、资金使用、利益分配等方面都有明确的规定，保证产业类院校的顺利运行。

（二）突破引企入教的瓶颈，实现产业学院的专业内涵增值

目前，我国正处于产业结构调整、转型升级的关键时期，提升先进制造业竞争力，建设现代服务业，对高职院校人才培养规范提出了新的要求，特别是在信息技术、新材料、新能源等重点领域，需要更多懂技术、懂市场的创新创业型人才。不断优化“以学生发展为中心”“以目标为导向”“持续改进”的人

才培养理念，保持和提高工程技术类专业职业教育人才的培养质量。产业类院校要充分发挥紧跟市场的便利优势和灵活的管理机制，不断加大专业建设和特色人才培养力度。不断推进学科间的深度、多元交叉与融合，构建均衡、特色鲜明的专业体系。

高职院校产业学院建设工作的“重中之重”是专业建设，独特的专业群体是体现产业学院核心竞争力的重要内容，产业学院管理体制建立健全的核心是建立由董事会直接领导的专业建设委员会，以增强企业在专业设置和人才培养体系建设方面的话语权。构建产教协同培养机制，将行业发展需求引入产业学院的人才培养体系，实现人才培养目标与行业需求的紧密联系。建立以问题为导向的课程建设原则，按照“重基础、重能力、重应用”的原则，组织学科顶尖学者、科研工作者、行业专家及课程教师等共同参与课程开发。将“做、做、评”有机地融入人才培养全过程，实现理论与实践相结合，有效地将国家职业标准、学校培训标准、企业标准等规范融入教育教学过程，改善教学内容，从注重学术培养转移到注重培养学生的实践能力上来。以能力为导向，构建院校、行业组织、企业、师生共同参与的多学科人才培养质量评价体系，建立长效的评价机制，实现由单一评价主体向多元评价主体的转变。

（三）优化资源整合机制，提升产业学院的价值增值

与传统高职院校相比，产业学院具有多种优质资源优势。整合产业学院的各种人力、物力、财力是振兴产业学院的重要前提条件。科学的资源整合制度需要建立在科学的投资者利益分配制度的基础上：第一，在董事会的领导下，建立健全岗位职责制度、财务管理制度、人力资源管理制度、行政管理制度等；第二，建立校企教师共享和联合培养机制，充分发挥企业中高级管理人员和专业技术人员的主导作用，有效解决当前“双师型”教师短缺的难题，提高教师综合素养，特别是实际操作能力；第三，打通社会资源准入通道，实现高校资源与社会资源的优化整合，推动各方优质资源向最具优势、最具特色、最能推动高职院校核心竞争力提升的方向流动。

产业学院的人才培养规范要有明确的产业服务目标，需要与行业和企业需求高度契合，依托产业链建立产业人才培养机制。产业学院的人才培养机制要以“以用户为中心”为理念，直接服务于企业的用工需求、技术改造、产品升级等，这才是产业学院存在的真正价值，也是产业学院核心竞争力的源泉。产学研院校核心竞争力逻辑演进的实质是通过校企合作促进其价值增值，增值包括量、质、利三个方面。首先，在量的增值方面，要不断增加产业学院培养的人才数量和产教融合的成果，不断扩大产业学院的规模；其次，在质的增值方面，既要着力提升产业学院人才培养能力和人才质量，又要产生更多高水平、有影响力的标志性人才培养成果和科研成果，优化产业院校布局，形成“多学科融合、多团队协作、多技术融合”的战略合作格局；最后，在利的增值方面，其核心是科研服务于产业发展导向，多渠道推动科研成果的市场化转化，促进产业转型升级。从“数量增值”到“质量增值”再到“效益增值”的良性循环是高职院校产业学院实现其核心竞争力螺旋式上升的重要保障。

（四）拓展科研和服务能力，使竞争优势最大限度延展

随着全球科技水平的快速提升，产业转型升级速度的不断加快，行业和企业对高职院校产教融合的依赖程度和核心人才的需求更加直接、具体、多样化，产业学院的“不可替代性”日益凸显。实践表明，在未来的职业教育发展进程中高职院校是否存在创新高效的产教融合模式及产教融合的水平及其成果转化将成为评价高职院校水平和竞争力的新标准。与大多数高职院校相比，一些地方本科院校的产业学院亟须摆脱其人才培养导向低、学科产业关联度低、服务导向单一、创新能力不足等弊端。除了继续做好人才培养外，结合自身学科特点，不断提高科研能力，同步引进企业优秀研发团队，共建团队，共同推进项目开发，加大跨学科整合和跨学科资源配置的推进力度，增强引领产业发展的关键核心技术研究实力。同时，以应用为导向，推动科研成果向现实生产力转化、转移和扩散，实现产学研无缝衔接，将高职院校的科研优势转化为产业竞争优势，打通从科研到应用的“最后一里”，拓展高职院校的社会服务功能。

我国各地的高等职业教育院校产业学院，通过有计划的教育教学改革，已经成为当地乃至全国的紧缺型、应用型人才的重要输出基地，在跨界办学过程中形成了高附加值的综合竞争优势，从而有效地改善了地方高职院校的竞争环境。高职院校要想显著提升产业学院的办学活力，创造更大价值，同时在全校改革中发挥引领和辐射作用，就需要牢牢把握核心竞争力这一主题，深刻剖析产业学院的每一项基本要素，调整产业学院的发展战略，为核心竞争力持续提升而努力。

第七章 跨文化教学与产教融合教育

第一节 跨文化教学

一、与文化教学有关的概念

（一）关于交流的界定和程序

交往是指人与人之间相互往来、行为表达、信息情感交流的过程，以达到一定目的的社会活动。自古以来，不少学者就交流问题发表了自己的见解。从本质上讲，交流的概念有两种：第一种被称为“说服”的交流方式，它把交流看作是传播给受话人，从而对受话人产生作用的交流方式；第二种观点主张“共享”，它认为交流就是信息的分享，即把由少数人分享的信息变成由大多数人分享的信息的过程。所以，“交际”一词与“社会共享”“社会共同”“社会共享”有紧密的联系，而“社会共享”“社会共同”又是交流的先决条件。实践证明，在相同的文化背景下，只要存在共同的行为准则，或者存在某种共同的文化准则，语言交流就会变得更加顺利。

跨文化交往指的是具有不同主要文化背景的人们之间进行的一种交往。因此，跨文化交往必然需要双方互相了解或者遵守彼此的文化背景，唯有如此，才能确保交往顺利进行，并且具有实际的有效效果，使交际对象愿意接受，进而达到预期目的。

交流是由发送者、接收者、编码、信息、解码和反馈等要素组成，发送者把信息编码后发给接收者，接收者收到信息后，解码信息，把反馈的信息重新编码后发给接收者，这样一个循环往复的过程就构成了交流。

发送者是指发布消息的实体，可以是一个人、一个机构和一个国家。发送方并非总是有意识地、有目的地发送消息，有时也会无意识地、无目的地发送消息。比如，一些国家的领袖和公共人士往往很注重自己在公共环境下的言行，所以，他们的行为是不自觉地向外界传递一些信息，从而给社会带来一些影响。

接收者是接收信息的人。接收者可以是一个人、一个机构或者一个国家。信息接收方和发送方之间的联系，可以是一种自觉的行为，接收方能够感知到信息源的这种行动，并做出相应的回应，就像我们在教室里听到教师的授课，就属于自觉地接受知识。接收者也可以在无意中接收到一些信息，比如我们在街边小卖部里听一首歌，这样我们就在不知不觉中接收了信息。

在交流中，发送者要将所表达的内容转换成一种符号，然后向另一方传播，发送者按照这种符号体系，将这些内容转换成一种可以传播的符号，这就是所谓的“编码”。这是指发送者按照一定的社会文化和交流规律，利用一定的词汇、句法等，对各种语码进行选择、组合和生成的过程。用于传递消息的标志既可能是语言，也可能是非语言。比如，一名驾驶员驾车时，当值的交通警察向驾驶员发出信号：“请靠边停下”，即用语言传递讯息。再如：“有人向别人怒目而视”，这里“怒目而视”指的是一种无声的语言。

所谓讯息，就是由发送者所进行的一种编码。信息指的是交往个体在一定时间和空间中的心理状态的真实反映，所以，在面对面的谈话中，不仅有语码，还会有许多交往个体的非语言信息和交往环境信息。从跨文化语言交往的角度来观察，信息指的是一个由语码、非语言信息及交往环境信息组合而成的综合体，在这些信息中，还渗透了某些特定的社会和文化密码。

译码是接收者在接收到一定信息后，将语言和其他形式的符号转换成语义的一个思维过程。在此基础上，本文提出了一种新的解释方法。在译码时，接收者不仅要对语言符号进行译码，还要对其所包含的其他文化内容进行译码，才能对其进行正确的译码。比如，一个违反交通规则的驾驶员，一听交通警察叫他“让开”，立即把他的车开到一边去。再如，我们所说的“有人愤怒地盯着你”，在这里，人们把“愤怒地盯着你”解读为它所蕴含的信息，从而理解了它所要传达的含义。

所谓的“回馈”，就是接收者根据收到的信息而做出的抉择。接收者可以对信源的行为充耳不闻，视而不见，也可以迅速地做出回应。反馈是衡量交流效果的一项关键指标。在对被试的话语进行评价、回答被试的问题、表达被试的要求等方面，这些都是被试的反应。当接收方的行动与发送方的期望一致或者相近时，这种行动对发送方的行为起到了肯定的作用，这种交流就是一种成功的交流，被称为正面反馈；相反，当反馈的信息不符合发送方期望的信息时，则会对信息发送方后续信息进行修改或改进，称为负面回馈。正面和负面反馈在沟通中发挥着非常关键的作用，它可以促使交际者进行自我调节，从而达到沟通的目的。由于传递消息的一方可以得到最及时、最准确的反馈，这种沟通方式通常最有效。

（二）对非言语交流的界定

作为人类交流的一种手段，语言不仅可以作为一种重要的工具，而且可以用其他方法来传达自己的想法和情绪，并将各种各样的信息传达给人类。非言语交流是指人们在没有言语的情况下进行的、为人们所熟知的行为。这种特性与行为是有目的的，是被发送方自觉接受，并且是被发送方自觉回应的。在特定的交流情境中，除了言语外，对输出方或接收方构成了有意义的信息。它们可能是人为的，也可能是自然的。每个国家都有自己独特的非言语交流方法。

在现实交流中，有些时候，人们会采用语言行为，有些时候会采用非语言行为，但更多情况下，会将这两种方式结合使用，以顺畅地传达复杂的信息，表达丰富细腻的内心情感，进行深入和广泛的交流。非言语交流的表现形式多种多样，并不像口头交流一样仅仅分为口头与书面两种，而是包含了除语言与文字之外的各种含有潜在信息的刺激与方法，比如眼神、手势、微笑、面部表情、服装打扮、沉默、身体的接触、说话人之间的距离、说话的音量、时间观念、空间的利用等。微笑着举手致意，蹙着眉头表达不满意，颔首致意，挥着手臂道别，这就是通常的肢体交流方式。与言语交流相比，非言语交流并无一成不变的规则，更无一整套清晰的象征意义。这种交流方式可以是连续的，其中一些是人们与生俱来的直觉，另一些是通过学习而获得的。人与人之间的交流既有言语交流，也有非言语交流。

（三）关于文化教学的界定

语言作为一种特殊的社会现象，承载着一种特殊的文化。一个国家所拥有的丰厚的文化内涵和所具有的特殊的文化内涵。语言是一种文化，它既受到一种文化的影响，又是一种人的精神文化。没有文化，语言就无法生存。我们在学习一种语言的时候，也是在对一个国家的文化进行品鉴，而教师在教授一种语言的时候，也是在向学生传授一种文化观念。学习一种外语，就是要学会一种与自己国家迥异的文化，要学会另一种人的思维模式和行为习惯。

20 世纪 60 年代以来，越来越多的语言研究者认识到了文化因素对语言学习的影响，并对此进行了大量研究。自 20 世纪 80 年代以来，外语教学在观念、理念、内容与方式等方面都取得了长足的进步。文化有显性与隐性之分。前者是我们用肉眼能够看到的，包括我们的衣食住行、社交活动等；后者是我们用眼睛看不见的，它是习惯行为、语言行为背后所蕴含的价值体系和思想观念等。

二、跨文化交流的内涵

从广义来讲，文化指的是“人类在社会历史发展过程中所创造的物质财富和精神财富的总和”。从狭义来讲，文化指的是“一种生活方式，它是我们生存、思维、感觉和与他人发生关系的环境，是将人们联系起来的胶水”。概括而言，跨文化交流主要由五部分组成。① 言语交流，主要指词汇、成语、语法、段落、篇章等。② 指通过面部表情、目光、手势、姿态、体态等进行的非言语交流。③ 交流的习惯和礼节，包括问候、称赞、称呼、拜访朋友、拜访客人等。④ 社交组织和关系，包括家庭、亲属、朋友、同事、团体等。⑤ 由人们的信念、观点、看法等构成的价值观。所以，在跨文化交流中，我们必须学会理解这些语言。

三、关于文化教学中的几个问题

按照我国文化教学内容结构理论，文化教学也应当由表及里、由浅入深。语言有符号关系、符号意义、符号运用三分法，把初级阶段的文化教育分为：礼貌用语，手势语言，衣食住行的习惯，学生的日常生活，业余文体生活，节假日活动，家庭关系，亲友关系。进阶的课程包括：社会制度，经济制度，法律制度及主要法规，世界观，人生观，价值观，态度，与社会的合作，现代科学技术的成就，禁忌。

四、如何进行跨文化教学

（一）注重文化知识的传授，树立对文化的正确认识，自觉提高对不同语言的认识

通过对教学过程中所涉及的文化因素进行分析，提出了一种新的教学策略。教师应该知道他们对教学的看法，特别是对他们语言的看法。因为他们所处的生活环境、生活方式、接受过的教育等因素，他们对于教学的看法是不一样的。这时，教师就必须纠正学生对文化的偏见，使他们明白，文化是社会的产品，必然要反映社会的观念、价值、习俗、传统、体制等。我们所学到的知识和价值观，并不是完全照搬别人的思想和价值观，而是通过理解别人的文化，来充实自己的知识，这样才能更好地与其他国家的人们进行交流和交往。

（二）健全课程体系

跨文化教学应该对学生的语言应用、文化素质等方面作出更多的规定，并对传统的“文化教育观”进行修改。新教学目的直接关系到课程标准的制定与使用。在教学过程中，教材的编制原则、教学目标、材料的选择和训练方式等都直接影响教学成效。因此，教师应该选择更多具有实用价值的语文教科书。笔者认为，在产教融合的基础教学中，应该设置其他国家文化的选修课，以便学生更好地理解世界各国、各民族文化。

（三）选用适当的文化教材

在选用教材时，教师应结合本国的文化思想与价值观念。对于一些国家而

言，有些图像和文字并没有什么害处，但对于其他国家或群体而言，它们或许会令人反感。我们倡导选择与自己国家文化相关的学习资料，这并不意味着我们不能对其他国家的文化资料进行输入和认识，因为，要想进行有效的交流，文化的多样性是必不可少的。

（四）教育方式的改革

各高职院校以社会学、文化学、教育学、心理学等学科为基础，结合实际进行了大量的实验。在文化教学中，教师可以依据学生的学习水平，采取不同的教学方式，灵活而又行之有效。

1. 关于文化教育的演讲

演讲，既是一种很好的教育方式，又是一种很重要的文化教育。要想进行跨文化交流，就必须对相关的文化知识、文化的本质特点和功能、文化的内容、不同文化的价值观、习俗规范等方面有所理解和掌握。在课堂上，教师可以将所有的内容都教授给学生，这样对学生们系统文化知识的学习大有裨益。然而，这种教学方式带来的都是直接的体验，很容易让人感到无聊，因此需要用其他方式来加强教学。

2. 对不同的文化进行探讨

可以采取由学生定期组织，教师指导的形式来进行。这种方法可以是对特定的文化主题进行小组讨论或人物模仿。对于存在显著文化差异的真实情景，教师进行了理性选择，学生们在班级中分成几个小组，并在其中组织了语言，扮演了几个角色，从而完成了情景的模拟。以这样一种轻松有趣的方式，把一门特殊的语言与一门特殊的文化相结合，让学生恰当地、自如地使用自己的语言，帮助学生更好地了解西方礼仪、社交特征，进而提高他们的跨文化意识与能力。在产教融合教学中，通过构建“文化研讨小组”，可以充分发挥学生的主动性，让他们主动汲取不同的文化营养，从而帮助他们克服教学中的困难。

3. 一种典型的个案研究

对现实中出现的、具有典型代表意义的案例进行分析，对跨文化交往中误解产生的原因进行解释，能够让学生更好地理解两种不同文化之间的差异和表现。其方法为：先对不同文化背景下的交往双方所发生的误解及情景进行说明，再给出四个选项，让学生按照自己的理解做出选择。本课程所提供的个案，不仅让同学们觉得很有意思，也让同学们在做决定时多加考虑，更有助于培养同学们对不同文化的敏感度。

4. 文化的包袱与群体

教师可以告诉学生母语和目标语文化的基本区别，并利用多媒体技术将这种区别具体体现展现在他们面前，再让他们提出一些有关的问题，从而展开讨论。题目的选取很有弹性，教师可以依学生的要求，选取一些特定的文化题目，如风俗习惯、日常言语交流、非言语交流等，或是一些抽象的思考方式，或是一些价值观。然而，对教师来说，如何为学生提供恰当的“文化课”却是一项耗时耗力的工作。文化团体是指几种探讨相同的文化议题所构成的团体。使用“文化组”的方式对学生全面、系统地学习和理解目标语言文化大有裨益，但也存在耗时耗力的问题。

5. 仿真比赛

仿真比赛是一种运用想象、开阔眼界、提升技能的实战型比赛。在产教融合教学过程中，学生可以体验到以前没有体验过的情景，从而获得更多的体验和认知，这是产教融合教学中必不可少的环节。例如，在跨文化交流过程中，文化碰撞是一种常见行为，尽管这种行为会对人们造成一定的困扰，但却有助于人们进行文化适应，从而提高跨文化交流能力。

文化的学习是一种潜在的、逐步的。通过与其他国家的交往与认识，让他们逐渐认识并接纳其他国家的文化。在文化输出中，也应当从浅到深，循序渐进，让学生首先了解到某些表面的文化，再慢慢地发掘其更深层次的文化含义，否则，输入的文化太多太深，反而会加重学生的学习负担，使他们对学习失去兴趣。这些策略都是为了提高学生的跨文化交际能力，并通过灵活、重新规划，融入英语课堂中，从而形成一套适合学生跨文化交际的策略。

（五）拓展各种途径，充分发挥各种作用，加强对跨文化交流的了解

随着我国对高职院校的关注和投入的不断增加，我们要在产教融合教学中更好地运用各种先进的教学手段，如多媒体设备、网络教室、远程辅助教学平台等。多媒体技术可以提供文字、声音、动静态图像一体化的接口，教师可以在教学内容之间进行灵活转换，使课堂及教学变得更加丰富、逼真，更具有视觉效果、更有魅力。在网络上，同学们不仅能够查找与之相关的文化材料，还能更直观地、更深刻地理解这些抽象的、深刻的文化含义，它所提供的信息数量和影视效果，都是传统的教学方式无法相比的。在教育方式上，要善于运用技术手段，发挥技术优势。在教学过程中，教师可以利用多媒体播放电影和视频短片，让学生对不同民族的文化有更深的认识，为他们提供更多素材，让他们接触不同的语言与文化。将形象、生动、真实、有趣的视频、音画及文字信息进行有机组合，对学生的多种感觉产生影响，给他们带来一份原汁原味的文化认知资料，让他们拥有源源不断的学习激情和持续的驱动力，让他们能够积极地参加并主动地探究各种各样的活动，进而对课堂结构进行优化，提升他们的教育水平。许多错综复杂的文化现象，透过影片、影像、声音的解说，可以一目了然。以音频、视频为媒介的多媒体教育技术较其他教育技术更充分、更逼真地展现语言内容。多媒体课堂为学生营造了一种纯粹的文化学习氛围，使学生在课堂上获得更好的学习效果。多媒体教学不受时间和空间的限制，在教室之外，学生可以随时使用多媒体教学资源进行学习、咨询和求教，极大地拓展了学生的眼界，提升了学习效率。

影视是最直接、最方便的学习异域文化的方式。然而，教师们在挑选录像的时候，一定要注意这些录像所展示的内容，要能够帮助学生们进行交际与交流，而不能包含与自己国家价值观相违背的内容。此外，还要让学生对所选电影有兴趣。因此，在教学过程中，教师不仅要选用英美电影，更要选用能体现各民族文化特色的电影。

另外，在产教融合教学课堂上，教师可以通过多种形式的外文书籍来指导学生学习，拓宽他们的阅读范围，使他们能够全方位地了解国外的各种文化。通过阅读，学生对各种文化有更深刻的认识，从而更好地认识到各种社会现象中所存在的文化差异。通过阅读，可以让自己对各种文化有更深层次的认识。

（六）探讨适宜的文化评价方法

当前，我国产教融合的教学中存在许多问题，缺乏一套较为完善的评价体系。我国的考试侧重于考查学生对文化知识的记忆，这与我们的文化教育目的相去甚远，也就是要提高学生的跨文化交流意识和能力。所以，在以文化为目标的考试中，应该寻求一种更具实用性的考试手段，例如，可以以某个特定的话题展开探讨，让同学们扮演不同的角色，给同学们提供与其他国家学习者交流的机会，以此来评价同学们的文化应用能力。

（七）提高师资队伍的整体文化和教学质量

要加强对学生进行跨文化交流的训练，就必须提高对跨文化教学的认识，使之成为一门文化教育，并将其灌输给学生。一名教师不但要掌握教学的技巧，而且要对西方的文化非常了解。教师是培养跨文化交流的主体，在讲授时，应自觉地融入不同的文化，并将其与中国有关文化做比较，使学生更好地理解不同文化之间的差异。所以，要加强老师自身的跨文化素养，可以通过自学和培训等多种方式来提升教师的水平，让教师在教学过程中主动地把其他文化环境引入课堂，并将不同的文化知识适时地灌输给学生。

在产教融合的跨文化教学中，教学和学习的实际操作都是师生双方共同完成的。在提高学生的跨文化交往能力的大背景下，要将教师讲、学生考前突击的教学模式转变成以学生为主、教师指导的教学模式。在教学过程中，教师要强化中西两种不同的语言教学。唯有拥有这两种能力，才可以在教学过程中，对学生产生启发和引导效果，使他们的学习热情得到最大限度的激发，提高发现和解决问题的能力，从而提升他们的人文素养。在产教融合的跨文化教学中，教师应充分发挥学生与学生之间的相互影响作用。在此基础上，加强对产教融合教学工作的指导，增强跨文化教学的实践性和实用性。教师自身是否具有宽广的文化视角，将会对其进行有效的跨文化交际起到重要作用。因此，作为一名产教融合的跨文化教学老师，必须自觉地拓宽自己的视野，以便更好地进行跨文化教学。同时，在教学实践中，教师们应该主动运用现代教学方法，扩大学生对其他文化的了解范围。

在中国与国际交往日益频繁的今天，现代社会要求更多具有较强的语言功底和综合素质的优秀人才，加强高职院校的跨文化教育，提高学生的跨文化沟通水平迫在眉捷。

第二节 跨文化交际理论

一、跨文化传播的含义

随着运输工具的不断改进和通信方式的逐渐完善，不同国家、不同种族、不同民族人们之间的交流越来越频繁，因此，跨文化交流也越来越多。人类的交流主要有五个时期，即语言的出现，文字的出现，印刷技术的出现，交通方式的发展，通信方式的迅速发展，以及不同文化之间的交流。从某种意义上来说，跨文化交流是指在一定语境下，人们运用相同的语言进行交流。

美国社会语言学家海姆斯在20世纪60年代后期和70年代初期，首次在国际上提出“跨文化交流能力”，并将其定义为“对语言形式规律的理解”和“对语言运用规律的理解”。简单地说，就是要在适当的交流情景下说适当的话，并对交际语言的语法、适合性、得体性和现实操作性进行适当的掌握。

二、跨文化交流的影响因素

跨文化交流不仅是一种语言交流，而且是一种文化对话。不同文化之间的碰撞有很多因素，但最基本的因素就是，不同的国家和地区拥有不同的文化和历史背景，也就是说，在思维方式、价值取向和社会行为规范上的不同，就会引起他们在言语行为、语言的使用规律、语篇组织结构等方面的不同。

（一）思想方法上的区别

文化决定人类对于外部世界的观点和理解，由于各国有各自的文化背景，其思想方法也就不可避免地存在区别。思维方式的差异，会导致交际行为、编译码方式、交际风格乃至词法、句法等的差异，从而对跨文化交际的正常进行产生影响，这一现象在东方和西方的文化之间尤为明显。在中国传统的思想体系中，西方人的思想体系以逻辑性、分析性为主，而东方人的思想体系则以直观、整体性为主。

受此文化的熏陶，中国人对自己在认知过程中所获得的感受和体验，在与人的交流中，他们往往依赖于自己的感受来做出判断。中国人的“以物易物”思想与西方的“以物易物”思想相比较，其思想带有很强的泛泛化和模糊化。总的来说，中西思维方法在十个方面有所不同：伦理学与认知型；整体性与分析性；意向性与对象性；直觉性与逻辑性；意向性与实证性；模糊与精确；求同性与求异性；后馈性与前瞻性；内向型与外向型；归纳型与演绎型。这种不同对中西文化交流有很大的影响。

（二）价值观上的不同

人类的语言交流是人类社会发展的产物。价值导向，也就是价值观，指的是一个人对于最佳的行动，或者说一个按照其重要程度排序的信仰系统。它是一种无形而又无形的信仰系统，它是一种普遍存在的信仰系统，它对人的行为具有规定性和指令性功能。每个民族都有其独特的价值观，即人类的生活理念与伦理准则，这种价值观与特定的文化背景密不可分。对于同一件事情，任何一种文化都有自己的评判尺度，没有先进与落后之别，任何一种文化都是其所处的文化背景下的必然结果，在其所处的文化系统中都有自己的合理之处，当我们开展跨文化交流时，一定要对其给予充分的尊重。

（三）行为准则上的区别

所谓的“行为守则”，就是一种在整个社会中都被普遍认可的、能够指导人们能做什么、不能做什么的规则。当我们进行跨文化交流时，我们往往会根据自己所处的社会环境，下意识地判断他人的行为是否合理。但是，因为两者之间的行为准则不同，往往会导致误解和不悦，甚至产生更恶劣的后果。举个例子，中国人用抚摸孩子的脑袋来表达善意，而在西方人看来，这就是对孩子极大的不尊重，家长们会很生气。如何准确地认识并应用这些标准，对其进行有效的沟通，是一个非常关键的问题。

三、跨文化交流的伦理学基础

交流，是一种相互评判、相互评价的活动。在评判别人的思维和行动时，难免给别人以对与错、应与不应、好与坏、值得与不值得等价值观抉择，道德问题便自然而然地产生了。人们对事物的看法，在很大程度上受到了其文化价值观和信念的影响。在评判的时候，人类会自然而然地将自己的文化价值观和信念强加于他人的交流活动上，这种现象在跨文化交流中十分常见，因此，在进行跨文化交流时，应该遵守如下道德准则。

（一）自愿参加

这种跨越文化背景的活动需要参与者自愿参加。这样的需求，就是要让交流的两方充分理解，了解这种交流所产生的消极的心理和社会影响。如果强行让他们进行不同的文化交流，那么就违背了不同文化之间的相互信任和相互尊敬的基本准则。

（二）对个性的尊重

虽然文化从各个方面都对其社会成员的思维方式和行为进行了规范，但同一文化之间仍有个体差异。我们应该先理解个体的特征，然后交谈，不要使用文化定型，将团体特征视为个体特征，从而抹去个体的生存。

（三）不受侵害的豁免

在诚信交往的道德基础上，我们尽量不要给他人带来身体、心理和社会方面的损害。尤其是不能用不当的手段去控制别人。比如，故意说出彼此间交流时所涉及的一些隐私，或者做一些冒犯自己信念的行为，导致不同文化间的交流障碍。

（四）对隐私权的维护

无论交谈者是什么性别有无文化，都必须尊重对方的私密。在进行特定的交流时，必须事先告知另一方，并征得另一方的许可。

（五）不带个人成见

因为人与人之间的认知体系存在一定的差别，在进行跨文化交流的时候，我们会受到主观因素的干扰，因此，我们尽量避免将自己的观点强加到另一个人身上，从而引起不必要的误会。

（六）相互关系

在跨文化交流中，最基本的道德准则就是：在交流中，我们不能将自己不想让对方去做的东西，用自己的交流方法去处理对方。这一道德法则需要我们遵循四条道德法则：互惠、不妄加猜测，诚实、尊重。

（七）互惠原则

互动性意味着，不同文化的各方，都要努力构建一个公共的交互空间，并且不能指望这种交互的空间是基于自己的，还是基于另一方的，因此，人们都要意识到，要主动构建一个可以共享和交流的氛围。如果把一个国家的文化当作交流准则，那么这种交流就会阻碍不同国家之间的交流。

（八）勿自作主张

不做猜测是一种敞开心扉的方式，就是指在合适的场合，我们要坦率地去接受别人的意见。不盲目猜测，可以促进资讯自由流动，并在此期间增强了身份的认同感，并乐于接纳异己的教养。不武断的目标是摆脱两国资讯交换的束缚，而实现这一目标的首要前提是，通过不同的文化价值观来构建相互信任的关系。

（九）诚信

诚信就是对于自己所传达的讯息的了解，以及对于交互目标的坦率。与人相处，最重要的是诚信，若心中没有诚信，无论你怎么努力都是徒劳。诚信是以自己的眼光去看事情，而不是以我们所认为的眼光去看事情。在跨文化交流中，诚信的表现是基于对自身及交流客体的理解。

（十）尊敬尊重

尊重着重于对交往各方的基本权利的保障。同样，尊敬别人也需要一种观察别人表情，理解别人需要的敏锐感知。这就需要我们意识到一种思想在交流中的表现形式是多样的。因此，在跨文化交流时，应该对不同民族之间产生的不同表现形式给予应有的重视，以维护交往中人格尊严。

第三节　产教融合教育中的跨文化教学

一、关于文化对等的规定

虽然，在这个地球上，不同的民族有不同的历史和文化传统，人们生活在不同的环境，但是，他们的文化是一视同仁的。每个国家的文化，都有其悠久的历史根源，是人们世世代代传承和积累的结果。而在跨文化交流中，文化的平等性是其根本所在。跨文化交往指的是两种不同文化之间的沟通，也就是母语与母语之间的沟通，它的本质就是在相互尊重的前提下，对彼此进行充分的了解，同时又保持平等的沟通方式。任何一种文化，都是一种特定的社会生命活动的结果，它是为了满足这个文化集团的物质和心理需求而创造出来的，所以它不能以好或坏来衡量。中西文化各有特色，所以，我们不应该因为自己的不足而盲目追随，而应该以一种非歧视的、非偏见的方式来看待中西文化。只有互相尊重，互相学习，方能实现双方的共同发展，因此，互相尊重是双方文化引入的根本。

在进行跨文化交流时，一定要克服用本国文化准则去评判别人所说的话、所做的事。唯有彼此尊敬，方能以一种和平的态度，去审视，去吸收他国的优秀文化。所以，在英语课上，教师要培养同学们树立“文化平均主义”的观念，只有相同与不同，而不管是哪一种，都要以一种客观的方式来了解和研究外国文化，并运用英语来阐释中国的辉煌文明。

二、如何降低跨文化交流中的“文化冲击”

（一）提高学生的个人品质

1. 加强跨文化交流

这个世界上，既有不同的文明，也有不同的文化，既有不同文明之间的碰撞，又有不同文化间的交融。在此过程中，各国和各机构间的国际交往不断深化和增多，同时表现为国际人文交往不断增多。在全球经济一体化的大环境中，个体的跨文化交流能力提升，是解决“文化冲击”问题，促进国际社会高水平交流的先决条件。要应对“文化冲击”，应从提高学生的跨文化交际能力入手。通过对学生进行语言交流，增强学生对语言交流的兴趣。这就需要我们从本国传统中跳出，自觉地“退让”，从而在一定程度上制约不同的思考方式。提高跨文化交流能力的途径有以下两条：

（1）语言与非语言行动的能力

它指的是词汇、语音和句法等各种言语行为，包括言语行为、辅助语行为、沉默行为等。

（2）人际交流技能

作为一个交际者，必须掌握良好的沟通与语用原则。因此，交际双方在英语教学中要注重对所学语言中所蕴含的文化信息的关注，以防或降低语用失误和“文化休克”。在英汉两种语言之间，由于缺乏有效的文化转换能力，人们往往把中国人的文化方式或者思想方式套用到英语语言中。如果将英语的思维模式与表现形式套用于汉语表现形式，就会造成对其的误解，从而造成言语交流的障碍。

“文化休克”是一种普遍现象，不同文化之间都会存在差异。这是一种社会文化的客观存在。尽管个体无法改变社会状况，但一种文化却可以。要做到这一点，就必须自觉地区别本族与异族的不同文化，从而使人们的跨文化交流水平得到持续提升。

2. 加强对文化的敏感性和包容性

资讯网络的成长使全世界联结在一起。目前，各国的文化发展并不处于各自孤立的状态，相反，它们呈现出一种多元化的并存状态。这一事态的发展引起了两方面影响：

第一，各国、各民族文化信息交流、文化融合与学习呈快速发展的态势。

第二，不同文明之间存在冲突与不协调。

运用异质文化的优点来化解文化间的矛盾，是实现跨文化交流的关键所在。能够快速地融入不同国家的文化，并且直面不同国家之间的文化碰撞、“文化休克”等现象，一般都是对自己国家的文化有浓厚的兴趣，乐于与当地人民进行交流，学会当地的语文和某些交流句式，并且主动地了解自己国家的其他方面情况，能够对自己国家的各种情况、习俗持包容、敞开心扉的心态。对于他人对其文化的批判，人类是很容易受到影响的。任何一种文明都不能凌驾于其他文明之上，如果你表现出一种傲慢或者敌视的姿态，那么你就会受到对方的敌视。在一个文明的发展过程中，语言的交换和相互作用是重要的标志，因此，对多元文化的认同和接纳，对不同文明、不同民族、不同群体以及每个人的多样化和差异性进行全面的了解，这是在一个多元共存的世界中，最根本的文化心态。在经济全球化进程中，各国、各种族、各阶层的矛盾并没有得到解决。“文化休克”是一种谁也无法回避、谁也无法消除的客观现象。然而，“文化休克”现象又是一种推动异质文明发展和交融的因素。

3. 发展文化同理心

如何降低“文化休克”带来的消极效应，已成为当务之急。“文化移情”就是交际双方不以自己的经历或文化标准来评判对方的行为，而是跳出自己的文化桎梏，站在对方的立场上思考、感受、表达自己的情绪。语言、文化、情感是沟通主客体的重要手段，是沟通的技巧，沟通的艺术，沟通的能力。

中西两种语言在不同的语言环境下，要摆脱“文化休克”的困境，就须注重对不同语言环境下的文化移情的培育。移情可以帮助人们加深对语言的了解，减少误解，提高交流效果。文化共情是指在跨文化交往过程中，通过对他人思想、情绪和经验的充分重视，使中西方文化能够更好地沟通。

但是，转移并不等同于完全接纳和盲目顺从。在新环境下，我们不能抛弃旧环境。所以，要把握好“入乡随俗”的“尺度”，也就是要做到“求同存异”。站在别人的视角上认识自己的文化，跳出自己的文化，消除自己的认知相似性，以自己的文化作为参照，以一种相对独立的态度看待自己的文化，而不是一味地投入另一种文化的巢穴中。要想进行跨文化交往，也应当从这一方面入手，用一种包容的心态去接受另一种文化，并从文化的视角对自身的文化进行反思，将自己文化中的狭窄和落后思想进行改进，从而真正做到对人友善，而不是对人不敬。

4. 积极学习地方风俗民情

民俗风土人情是一个民族所特有的自然环境和风俗习惯的总称。民俗是一种很常见的东西，但却蕴藏着丰厚的人文意蕴，对人类的日常生活产生巨大影响。这是一种普遍存在于人类生活与社会实践中的现象。中国人向来讲究“入乡随俗”，身为中国人，天生就认同中华文化，而中国文化中的很多因素，在西方国家却很难被接纳。在此基础上，对“入乡随俗”进行包装与融合，运用“加减法”思路，实现“入乡随俗”与“针对性”相结合的文化营销策略。

在中西方国家的历史、政治和民俗等诸多差异人文背景中，我们必须抓住相互尊重的价值观念，了解彼此的文化忌讳和喜好，才能进行跨文化交流。针对文化的特点，采取相应的沟通策略，尽量减少文化碰撞与冲突。现在的中国，已经变得更加开放。在与不同民族间的交往中，人类开始采用“求同存异”的方式，对不同民族间的不同交往方式进行尊重和效仿。这一现象被学者们称为“求同存异”的跨文化交流策略。通过以上研究，我们发现中国与西方的许多方面存在相同之处，这就是所谓的“趋同性”。但是，在时代潮流的推动下，中西文化的差异也是不可避免的。

5. 改变思想观念和自己的生活习惯

跨文化交流中存在一些深层次问题，这些问题源于个体和团体的不同心态。人们在进行跨文化交流时，归根结底是一种心理上的调整。在人类社会中，人们一旦意识到自己所依附的文化是一种“被统治”或“被弱化”的状态，就会从文化视角来维护自身的“尊严”和“完整”。由于受忧虑与不确定因素的支配与作用，各国语言表现出了回避、拒绝、趋近等心理特征。在此过程中，人们对自身身份的思考也是如此。所以，在进行跨文化交流时，要做好一定的心理准备，要有一颗包容的心。人们对交流的容忍度越高，交流的困难越少，交流的品质越高。

在中西交流中，我们可以从以下四个方面来调节自己的心理状态和生活模式：

第一，尽量保留自己的民族特色，且使民族特色更加鲜明。

第二，多和家人、朋友、同事沟通，共同分担自己的悲伤，寻求精神上的支撑。

第三，当遇到问题的时候，要向上级报告，或者向上级寻求帮助。

第四，当面临中西文化碰撞的时候，我们不能一味地回避，要以积极的心态去应对，并在遇到困难的时候，迅速地化解。

（二）主动回应

1. 学会运用变通语言进行交流

第一，在交流中要有弹性。就是针对各种文化和环境，适当地改变自己的沟通方法和方式。学习并使用这些技能，使自己能够从容地处理问题，发挥“社会地位”作用，即在对待彬彬有礼的人时，要更加正规。和一个优雅的人交流时，讲话要委婉一些，客气一些。所谓“跨文化交流”，就是通过对异国语言的了解和积累，判断出自己在异国语言中所采用的恰当方式。

第二，要克服思维定式和成见。现在的世界充满动荡和不安，一切都是昙花一现。如果我们有了一个模棱两可的主意，我们会根据以前的模式对其进行分解，然后决定怎么处理。在这个时候，这些思维定式开始显现。这样做的风险是，思维模式往往是刻板的，带有成见的，久而久之，这些成见就会变得越来越深。因为这种观点不能全部建立在真实的基础上，所以它们或多或少地歪曲了真相。

歧视是一种不公正的态度。例如，女性的逻辑性不如男性，这是一种偏见。带有文化歧视的人们往往对其他文化产生反感。他们觉得其他民族的文化会对他们的民族造成影响，因此他们会选择和本民族有同样的文化的人们。因此，要想更好地进行跨文化交流，就一定要克服思维上的固有观念和偏见。

2. 进行不同文化间的训练

（1）消息的供应方法

获取资讯的途径更传统，也更便捷。比如，通过知识讲座、演讲、跨文化理论班等，还有观看电影，阅读背景资料，组织讨论等形式，

（2）情绪训练法

主要有文化模拟培训、应激培训和语言强化培训等。训练方式通常采用个

案分析、角色扮演、情景模拟等方式。举例来说，如果叙述一件事，反映了一国中的一种文化矛盾，教师会给出多种说法，让学生从中选择最合适的说法，再与最合适的说法进行对比。运用个案研究法，可以让学生更好地理解不同语言背景下的语言现象。在跨文化交流过程中，教师往往会给学生一些特定的任务，让学生去扮演、去经历。有些时候，教师还会营造另外一种不同的文化氛围，让学生学习如何处理不同类型的问题。教师可以让学生掌握本民族的一些基本文化知识，然后进行推理，理解该民族的特征，再进一步理解其他民族的语言，以提高其文化敏感度。

3. 练习交互模式

在国际教育过程中，“交互式”教学是最为切合实际的教学方式。在此期间，学生将和来自不同国家的嘉宾，即来自不同国家的代表和专业人士交流，从而更好地理解各自国家的风俗习惯，并学会不同的交流技能。在此期间，由教师提供个人咨询，协助学生跨越陌生的文化领域，避免因文化碰撞而产生的障碍，协助学生处理好在异国所遭遇的难题。以上几种方法一般都是结合使用的，不能只用其中一种，而把其他的都排除在外。比如说，在初期培训中，可以将一场讲座作为第一步，向学生介绍一个具体国家的历史和文化风俗。接下来，学生会开展与培训内容相关的各种活动，如角色扮演、案例分析、与本国人互动等，以此来提升学生的文化敏感度和跨文化交流能力。在一定程度上，“文化冲击”应当被看作一种新的文化经验。我们要经常检讨自己，了解别人，宽容别人，才能从根本上克服“文化休克”。

三、为产教融合的跨文化交流搭建一个舞台

在教学过程中，不仅要加强对学生的跨文化认知和跨文化思考技巧的训练，还要通过多种形式的与目的语有关的课余实习，让学生更好地了解目标语言，将理论和实际相结合，让他们在实际工作中体会到跨文化交际技巧的重要，从而提高自己的跨文化交际水平。

第一，高校要最大限度地发挥外国学生的优势。要想提高学生的外语水平，最好的方法就是能够与来自不同国家和文化背景的人们进行有效的沟通。

在沟通过程中，学生们可以切实感觉到他们与别人的不同，从而对他们所学的知识、思维技能以及意识进行全面的调动。然而，我国部分高校仍采用留学生和本土学生分开管理和教学模式，本土学生只有通过外语课、外教课、与外教的交流或通过一些社交网站、媒体来提高自己的跨文化交往能力。这种课堂教学方法对提高大学生跨文化交际能力是不利的。高职院校应在此基础上，对教师教学中存在的问题进行分析，并提出相应的对策。

高校可以采取中外合作办学的方式。作为一种独特的协作性学习，它要求学生和参加者按照一定的合作原理以及规律进行配对或分组工作。在教学中，教师可以将中外学生随意分组，并向他们讲解有关课题的知识。在团队协作中，每个同学都有自己的一部分。应该指出的是，因为群体中的人所处的文化环境不同，他们的思考问题方式，分析问题方式，以及问题处理方式上也都存在一定的差异。这样，他们就能清楚地感觉到不同文化之间的不同之处，他们就能认识到许多在课堂上没有学到的东西。为了确保小组工作更好地进行，小组成员会相互了解，相互容忍，逐步降低冲突和排斥，并在持续的磋商中，最终达到一致。在此期间，不但本土学生的跨文化知识水平、跨文化思维水平、跨文化意识水平得到了提升，海外学生的跨文化素质也得到了提升。

第二，要积极组织各种特殊的文化项目。当前，网络上的信息扩散速度很快，全球化的步伐也越来越快，各种各样的文化资讯以一种令人眼花缭乱的方式展现在我们面前。各高职院校可结合本校的实际情况，就不同国家的风土人情和民族风情进行专门教学。此外，我们还会组织一些有关文化方面的比赛。通过这些活动，能够有效地加深学生对不同国家的认识，开阔他们的眼界，锻练他们的外语水平，加强他们对异域文化的认识，从而提高跨文化交流能力。学校还可以举办一些类似于“文化节”的演出，让同学们更好地参与其中。在某些特殊的中西佳节，让同学们亲身体会到中西文化的不同之处，以一种开放的态度来对待。

第三，高校可以借助对外交往的平台，为毕业生在境外开展短期学习、考察等活动。这样的活动能够使同学们更好地理论联系实际，深化他们对不同国家文化的认识，找出他们所学知识和真实沟通情境中的差距，从而更好地提高同学们的批判和间性思维。

第四，可以通过与社会团体、外资企业及商业界的专业训练机构等开展校外实习活动。比如，有些国际性的贸易展览会和国际性事件，都需要大批义工，因此，高职院校应该鼓励同学们踊跃参与义工工作。这种形式的活动，既可以培养学生们无私奉献的精神，又可以为他们带来更多的跨文化交往机会，扩大他们的国际视野，从而提升他们在跨文化交往中的技巧。在毕业季，高校可以组织学生到合作单位或机构进行实习，让他们认识到多元文化对企业管理模式所造成的冲击等，从而把自己所学的理论知识与工作实际相结合。

四、加强教师的专业素质和教学技巧

（一）把重点放在提升自身的文化素质上

在上课之前，教师对所讲内容中涉及的文化知识进行充分预习。此外，还要注意世界的发展趋势，了解时政热点。在课堂上和课堂之外，把这些相关的知识传授给同学们，扩大同学们对世界文化的认识，为同学们打下良好的跨文化交流基础。严于律己，提高自己的教育水平和整体素养，掌握课堂节奏，注重培养学生对中西文化的敏感度，发挥他们的积极性。

（二）重视自己的教育方法的革新

常规的教学方法，只是单纯地满足了学生的认识兴趣，并不能对他们的跨文化思维能力、跨文化意识能力进行有效的提高。所以，教师们必须为学生的跨文化思维能力、跨文化意识能力进行设计，这样才能让他们感受到不同文化之间的不同。比如，教师可以通过不同的方式来思考问题。这种活动可以让学生从多个视角来认识事物，培养他们观察和解释事物的能力，以及发散性、开放性和批判思考的能力。这种课堂设计对提高学生的跨文化交流水平有重要作用。当学生们学习一个历史事件的时候，教师们可以让学生利用图书馆、网络等方式，找到本国和其他国家对于这个历史事件的描述和评估，让学生们通过阅读、对比、分析和讨论等方式，最终形成自己的认知，并将其展现在课堂上。这个过程不仅可以深化学生对历史的认识，还可以提升他们多视角思考问题的能力，以及以一种客观、公平的态度来描述和评估这些文化现象的批判性思维，防止看问题的片面性。也可以让学习者挑选喜欢的主题来讲述，而其他同学可以向他提出问题。这种讲述可以帮助学生摆脱自己的价值观、规范、信仰以及自身对事情认知的狭窄，从而对不同的文化产生尊重、包容和理解。教师还可以在教学过程中，让学生进行角色扮演，模拟某些情景，这有利于提升学生的跨文化能力。此外，教师还可以让学习者在角色中感受自身在价值观、社会习俗、文化身份与别国文化之间的差异，并对自身以前对于各种文化的了解太肤浅而进行反思。教师可以以所学习章节的内容为基础，有目的地选择与中西方国家之间存在一定文化差异的影视片段，让学生在课后仔细研究，并从中挑选出自己想要饰演的角色，在课堂上展开情境重现。在这个过程中，学生可以轻松地感受到两种文化在价值观、信仰、行为模式上的差别。这是一个很好的话题。在讨论中，教师可以让学生提出自己的不同看法，以及自己的思考。总之，上述内容不仅可以提高学生的开放性、求知欲，还可以提高他们的跨文化交流能力。

五、如何培养学生在产教融合中的跨文化交流

（一）运用比较研究方法，引入各种相关的背景知识

由于地理位置、生态环境、政治体制、历史背景、风俗习惯、价值观念、行为方式等存在差异，每个民族的文化特点都不尽相同。在这种情况下，人们可以更好地认识到自己所处的民族和目标语言的不同。在教学过程中，教师们可以将有关的典故和习俗引进课堂，更多地向学生介绍当地的风土人情，抓住他们与中国和世界之间的一些差别，让他们在比较的过程中，更深刻地理解目标语国家的文化，进而培养出一种得体的语言习惯。

（二）在产教融合课堂上引入跨文化

语义学将词语划分为观念含义与联系含义两大类。英语词语的文化含义是一个民族对一个民族的一种判断，其所蕴含的是一个民族的语言特征。外语中存在大量的词汇，它们在语义上具有相似之处，而在联想和比喻方面却有不同的意义。因此，在外语教学中，教师应注重对学生进行跨文化交流的渗透。

（三）提高教师自身的素养与角色的转变

教师是实施教育活动的主体，英语教师要注重自己的职业成长，把做“研究型”教师当作自己的奋斗目标。在现行的教育体制下，教师们一定要改变自己的思想，要清楚地意识到文化碰撞的危害以及对学生进行跨文化交流的重要意义，要不断地提高自己的理论和文化素质，把自己从课堂上的主导者、机械式的知识传授者变成辅助者、指导者。

高职院校外语教育以促进学生的跨文化交流为基本目标。在新的历史条件下，从根本上改进外语教学，提升学生的语言运用水平，已成为当下的重大课题。将跨文化知识引入产教融合课堂，有助于拓宽学生的视野、思维，提升学生的整体素养，并对其进行艺术素养、中西文化精华进行洗礼，培养出一种全新的文化观念；它对培养学生的动手技能、创造技能、降低语用失误起到了积极的作用。身为一名老师，必须对跨文化交往教育在产教融合教育中的重要性有准确的认知，认识到自己在目前教学中所处的位置，并将其充分体现在课堂和课外辅导中，从而为培养出具备跨文化交往能力的优秀人才做出自己的努力。

六、跨文化教学对产教融合教育的影响

开展跨文化交际学的研究，既能帮助人类预测并解决在现实生活中存在的许多问题，又能加深人类对不同国家不同文化背景的理解，还能扩大语言研究的社会性，将语言研究与跨文化研究相融合，这既具有一定的理论价值，又具有一定的现实价值。对该课题进行进一步研究，不但为探索语言交流问题提供了新的理论基础和视角，同时丰富了产教融合教育的内涵。跨文化交流和产教融合教育是紧密联系在一起的，跨文化教学既要教授外语，又要提高学生交流的技能，特别是在跨文化交流中，能够灵活、高效地使用外语。从这一角度来看，跨文化教学对于提高产教融合项目的沟通能力、企业融入能力有显著作用。

第八章　当代产教融合的研究意义与发展前景

第一节　当代产教融合的研究意义

如今，我国大部分高等职业教育院校都在积极地发展产教合一，究其原因，还是当今时代学生知识文化水平的提高，但是在实践中，其本身的能力是有待观察的，大部分学生都很难独立完成实践任务，从而导致这些学生眼高手低，不符合当代的需求。这是必须正视的问题。因此，我国提出了产教融合模式，来全面地拓展学生的能力。

一、实施产教深度融合对现代职业教育发展的意义

产教深度融合的办学模式是高职院校培养高素质劳动者和技术人才的必然选择。实施产教深度融合，不仅有利于提高学生学习水平，也为专业教师参与实践、提高实践能力提供了条件和机会。当前社会的竞争，归根结底还是人才的竞争。高等职业教育院校培养的都是具有技术的专业性人才，产教深度融合，让学生在学习的过程中，通过实践不仅赚取了相应的报酬，减轻了家庭负担，还帮助学生提前适应了工作岗位，大大缩短了人才成长周期。实施产教融合主要的方法有现代学徒制、联合培养制度等，这些制度的特点都是将产业和教育制度融合在一起，学校按照企业的需求制定人才培养方针，这样能保证学生一离开学校就能进入相应的工作岗位。而且在学校学习的内容都是企业需要的，这保证每一个学生都能发挥自己的长处，确保企业的全面发展。

二、准确把握职业教育产教深度融合的基本内涵和要求

产教深度融合的本质就是产教一体的一项校企互动。产教结合的重点是“产”，也就是说，产教深度融合应当将产品生产作为基础，让学生从实践中学到真本事，教师在实践中教出真水平。“产”是为了“教”，将生产与教学相结合；“教”的前提就是“产”，只有产教结合，将院校成果转为生产力。产教深度融合应当实现学校与企业之间、教育与职业之间、工作与学习之间的联系，在一定程度上增强了职业教育体系的开放性和多样性，满足了学生未来融入社会、服务社会的可能性。

三、创新促进职业教育产教深度融合的措施和方法

（一）学校加强学生规范意识的培养，促进教学与生产的融合

高等职业教育院校应当让企业参与办学，将企业中的技术型要点、实践性经验以及市场信息等融入教学中，真正实现教学与生产的相互融合。另外，由于高等职业教育院校的学生各方面素质参差不齐，学校应当加强对学生进行思想教育，培养学生规范的操作习惯和生活习惯。

（二）实施企业导师教学，真正将企业技术融入教学

与企业技术接触最为密切的莫过于企业的生产工人和技术人员。高等职业教育机构应当在专业课程教师教学的前提下，适当安排企业技术人员和管理人员作为企业导师参与教学，按照产教结合的教学计划在生产中实施教学工作。高等职业教育院校安排有关教师跟班参加生产并指导、辅导学生学习企业生产技术，真正实现实际操作与课堂教学相融合。

（三）构建科学的模块化课程体系

高职院校要保证学生在完成文化课、专业基础课、基本技能训练后再学习专业课程。让学生先学习基本方法，并通过实训环节进行实际操作，掌握操作方法。最后，让学生独立完成操作。由于高等职业教育院校的学生多为新手，应当在企业导师的指导下进行生产，再逐步过渡到独立完成操作。此外，每个学习阶段结束都进行严格的考核，确保每个学生都有独立操作的能力。

（四）提升教师的实践操作能力，理论与实践相结合

在产教深度融合过程中，不仅要对学生进行培养，也要为教师提供实践的平台。在对学生进行指导之前，教师应当在企业进行实习，不断提升自己的实践水平，提高自己的专业素质。

（五）创建和完善相关机制，保障产教融合顺利进行

一是集团化办学。形成相应的执行系统、监督反馈系统。使企业和高等职业教育院校之间具有统一的协调和管理，鼓励高职院校形成多学科的职业教育群体。两者在保证同等教育质量的前提下，相对独立，但追求各自办学特色，实现共赢，共同成长。

二是沟通协调机制。主要是分工合作，因为产教结合的方式中，每一个部分的负责人都是不同的，为了让这个机制更好地运行下去，必须进行全面沟通和协调，保证每个人都各司其职，才能达到预期效果。

三是激励补偿机制。实施产教深度融合机制，应当对企业机构及企业员工制定相应的激励补偿机制。 企业应当为高等职业教育院校的学生设计相应的实习岗位，为高等职业教育院校的教师提供实践场地。

四是质量评价机制。引入社会上管理和技术都比较先进的企业参与高等职业教育院校的产教深度融合，在生产过程中引入教学内容，使用公司设备进行产品生产，共同制订生产与教育相结合的可实施的教学生产计划，让学生学习技术，参与生产，使企业受益。实现校企双赢、共生共荣。

第二节　当代产教融合研究发展前景

一、产教融合的可持续发展途径

1. 加强政府政策导向机制建设

促进产教融合的重要方式便是政府长期的政策导向机制的帮助，政府应重视高等职业教育对于国家人才培养的重要性，明确高等职业教育对于企业经济转型与发展的重要作用，使高等职业教育与产业的发展和转型相一致，还需要结合区域内的产业体系来规划高等职业教育的层次，使高等职业教育的人才培养标准能够满足区域产业发展的需求。另外，对于区域内产业的发展状况、人才需求的预测以及专业的设置等方面，应及时进行公布，为高等职业教育的专业调整提供指导，使学生的专业学习与企业的人才需求相统一。

2. 建立产教融合教育中各主体的利益平衡机制

产教融合教育模式的开展，其学校与企业是两个最基本的主体，如果两个主体之间的利益不平衡，企业将淡出教育，学校也难以针对企业的需要培养人才。因此，建立各主体之间的利益平衡机制，是促进企业与学校教育有机结合，两个主体合作共赢的重要措施。高等职业教育院校应重视对人才实践操作能力的培养，人才的培养要具有一定的开放性，较强的市场服务能力与对市场需求的灵敏嗅觉，以及主动服务于产业的意识。另外，在师资方面，教师应具备较强的实践能力，能够从理论和实践方面帮助学生解决专业技术与知识问题。产业也应该重视高职院校教育所培养的人才对于企业发展的价值，积极参与高职院校教育的教学方案设计、课程设置以及教材的选择等方面，应清楚企业的人才需求，从而对高职教育的人才培养提出针对性要求和指导。

3. 教育经费的持续投入

产教融合教育模式对于教育经费的需求较高，较充分的经费投入是保证产教融合有效发展的前提。在所有教育中，高等职业教育需要投入的成本明显偏高。国家投入的教育经费已经很难满足高等职业教育院校对于教育经费的需求，高等职业教育院校应寻找并利用其他经费引入渠道。政府有必要增加对高等职业教育的投资，在一定程度上缓解对高等职业教育的需求。此外，政府与学校可采取鼓励社会办学的方式，积极引进社会资金，建立产教融合专项基金，促进企业与学校合作的同时，缓解学校教育对于经费的需求。

二、产教融合的发展趋势

1. 产教融合带来的校方教育模式的升级

产教融合是一个逐渐融合的过程，人才供需要精准对接，高等职业教育院校需要积极开放，勇于突破传统，打破长期封闭办学、自我循环的僵局，适应和融入企业生产研发环节，融入产业技术进步链条，融入行业发展趋势和未来，满足行业和社会需求，形成企业和行业协同的链条。

产教融合的优势在于可以让学生更充分地参与到学习过程中，因为不同于传统类教材的满篇概念和观点，产教融合是基于新颖的交互式概念而形成的“互动式教材”，使学生在课堂学习和独立思考过程中对知识有更深的理解，能更轻松地掌握课程重点。

传统的高等职业教育周期一般为 4 年，就业实践期一般为 1 ～ 2 年。在产教融合的新教育模式下，高职院校将缩短人才培养周期，打破原有的教育模式。新教育模式服务对象的地域局限性从区域覆盖扩展到全球覆盖。在校企合作共赢、产学研结合的模式下，发展出了“产学研结合”的教育产业新模式。

未来，产教结合的高职院校将是一个集技术能力、行业经验、就业优势、办学经验于一体的教育产业联合体，是高职教育与社会教育相结合的联合办学创新教学模式。它将成为高职院校校企合作、产教融合的典范。

2. 产教融合带来的企业方用人模式的方案升级

传统的高等职业教育模式是从上游学校到下游企业的流水线式人才培养模式。未来，龙头企业将直接参与到学校的上游环节，与高职院校合作，制定与社会接轨的方案。一套结合就业需求的理论、课程和实践相结合的人才培养方案，将大大缩短企业就业培训周期，节约企业人力成本，加快人才孵化速度。

过去中国经济的发展需要搭全球化的便车，现在世界需要搭中国经济发展的便车。企业面临着国际化发展的新形势。国家战略需要经验和人才的积累。校企合作、产教融合的模式将对企业的发展起到快速的支撑作用。这种积极的影响已经在行业实践中产生了高度共鸣。产教融合走出国门，教育国际化势在必行。

3. 产教融合带来的教材设计上的优化与方案的升级

基于大数据、人工智能、物联网的新教材方案将采用“互动”对话模式，可反复评价学生的理解，并根据学生的不同理解制定新的个性化教学模式。

教育模式将从传统的“填鸭式”的“记忆信息”转变为“信息体验”式，虚拟现实技术将增强学生的学习效果，提高学生的学习注意力。

虚拟现实技术将彻底改变过去“纸上化”的教学方式的教育内容。通过虚拟现实技术，实现理论与实践的无缝衔接，突破教育场所的空间限制，使学生产生身临其境的体验，加深对于现实企业的认识。

新教材方案利用“互动”教学产生的大数据进行分析，根据学生的专业设置、课程结构、教案、作业、考核等问题，设计出能满足学生学习需求的方案，并通过“互联网 +”、虚拟现实场景、需求响应技术、学习分析技术等满足学生学习需求的教学场景可以瞬间切换。

4. 产教融合未来发展模式的自我升级

过去，产学研融合仅仅是校企合作的硬件铺设。随着硬件设施的完善和软件技术的改进，产教融合的发展模式将被重新定义。

未来的高职院校与企业将从传统公认的以地理概念划分的院校与企业走向“虚拟院校”与“虚拟企业”的新型院校与企业的发展方向。

生产与教育一体化的未来，将突破时间与空间的界限、地区与地区的限制、国家与国家的限制。以需求、行业经验、研究生资源、学习需求等要素为基础，进行广泛科学的资源配置，为整个人类社会的进步实现人才和教育效率的最大化。

5. 产教融合带来的学习者在自我学习中的需求升级

传统的实体实验室受场地空间的限制已经无法满足未来教学模式的需求，虚拟现实技术能够帮助高等职业教育院校和企业实现大规模的实训、实习，虚拟现实技术不仅局限于对文字和图片的认知，还通过虚拟现实中的触觉、感知、听觉、视觉和味觉，全三维的 AI 设计深化了对现实世界的虚拟体验，改变了学生的学习兴趣和学习方式。在动机的基础上，学生新的自主学习需求应运而生。

虚拟现实设备最大的优势在于它可以取代物理实验室的体验，让学生在极其逼真的环境中获得动手体验，并进行不脱离现实世界的高难度练习。

同时，在产学研结合的实践中，启发学生进行深入思考，激发学生的自主学习需求，从而推动行业、产业的技术进步，使当地的产业经济发展始终处于领先的地位。

未来，产教融合的模式将产生除制造业之外更多的产业和产业就业需求，如管理学、心理学等社会科学学科。

总之，产教融合将极大地激发参与校企合作的企业更积极地发挥建设性作用，积极寻求与教育主管部门、相关院校和行业组织等的合作，最大限度地解决数字化人才培养和供给方案。产业人才短缺与需求的矛盾使人才的需求方与供给方、产业链与教育链条的有机衔接更加有效。

未来，产教融合模式将对促进我国数字经济的可持续发展发挥重要作用，也将是行业龙头企业承担社会责任的赋能。这将成为高职院校转型的指路明灯。赋能高职院校数百个行业的应用创新能力，为企业数字化转型输送更多应用型、复合型人才。

参考文献

[1] 谭诣 . 借鉴国际经验探索我国高职院校产教融合的发展路径——以美国社区学院为例 [J]. 兰州：兰州教育学院学报，2019:123-125.

[2] 闫元虎，刘芳梅 . 长风破浪会有时——霍州市技工学校走出校企对接、产教融合的发展之路 [J]. 太原：政府法制，2017:54-55.

[3] 刘晓，郭军峰 . 区域深化产教融合的发展现状与问题研究——以郑州市为例 [J]. 武汉：当代经济，2020:63-65.

[4] 曹晔 . 关于新时代产教融合的几点思考 [J]. 北京：教育与职业，2018: 5-10.

[5] 林喜扬 . 产教融合高职院校维度建设的思考 [J]. 福州：福建教育学院学报，2019:96-98.

[6] 吴和生 . 高职院校产教融合模式的困境探析 [J]. 抚顺：辽宁高职学报，2018:15-17,26.

[7] 万鑫，徐文梁 . 产教融合视域下校区功能定位研究 [J]. 哈尔滨：高教学刊，2019:52-54.

[8] 王红梅，李宏伟 . 校企合作到产教融合 : 困境与破解 [J]. 新余：新余学院学报，2019:129-134.

[9] 朱惠娟，丛玉华 . 民办高校深化产教融合的路径探析 [J]. 哈尔滨：创新创业理论研究与实践，2019:145-146.

[10] 刘化晶 . 学分制下学籍异动学生成绩管理工作探析 [J]. 石家庄：当代教育实践与教学研究，2018:100-101.

[11] 许崇明，王永刚，张金燕 . 学分制对高校教务管理的影响与实践探索 [J]. 太原：现代职业教育，2019:214-215.

［12］杨涛．学分制下高校人才培养排课模式优化探析［J］．天津：计算机产品与流通，2019:180.
［13］宋玉金．关于地方职业院校实施学分制的相关探析［J］．北京：中国校外教育，2020:118-119.
［14］张芬，周爱民．高职院校学分制改革的工作要点与问题研究［J］．广州：工程技术研究，2020:227-228.
［15］吉承军．现代学徒人才培养模式［J］．哈尔滨：学子：理论版，2017:14.
［16］秦玥．创新人才培养模式初探［J］．成都：中国西部，2017.
［17］王勇慧，白波．高校协同育人人才培养模式探究［J］．北京：经济研究参考，2018:35-40.
［18］杨正理，张家海，陈海霞．校企合作协同育人人才培养模式探索［J］．济南：山东工业技术，2019:241, 243.
［19］晁洁．人才培养模式的构建［J］．成都：经营管理者，2017:218.
［20］何欣．升级未来人才培养模式［J］．沈阳：人力资源，2019:54-57.
［21］尹雪聪，王鹏．传媒人才培养模式的分析［J］．哈尔滨：文化创新比较研究，2018:64, 70.
［22］胡建．数控专业“双核育人”人才培养模式创新实践［J］．重庆：科学咨询，2018.
［23］陈小姣．探究应用型人才培养模式［J］．呼和浩特：课程教育研究，2019:247-248.
［24］曹元军．1+X 证书制度下扩招生教育质量提升路径研究［J］．南京：江苏科技信息，2020:75-77.
［25］何建崎．高职院校物流管理专业实施 1+X 证书制度的设想［J］．济南：科技经济导刊，2019:170.
［26］周彬．1+X 证书制度下新能源汽车技术专业建设研究［J］．武汉：武汉职业技术学院学报，2019:66-70.
［27］胡松伟．1+X 证书制度与中职汽修专业相互融通探讨［J］．武汉：汽

车维护与修理，2020:37-38.

[28]吴南中，夏海鹰 .1+X 证书制度下职业院校变革逻辑与推进策略[J].北京：教育与职业，2020:5-12.

[29]陈谦 . 推动质量提升 优化产业结构[J]. 福州：福建质量技术监督，2020:25-26.

[30]刘燕 . 优化数学作业 提升学习效率[J]. 太原：教育（周刊），2020:59.

[31]李坚强，陈俊金 . 毕业生对高职院校产教融合教育的满意度研究[J]. 哈尔滨：黑龙江高教研究，2017.

[32]唐贵英 . 职业院校产教融合机制研究[J]. 济南：山东工业技术，2019:251.

[33]杨斌，李豆豆 . 产教融合困境及对策研究 : 功能主义的视角[J]. 武汉：高等继续教育学报，2019:20.

[34]杨青竹 . 产教深度融合与职业教育的研究[J]. 哈尔滨：现代经济信息，2019:439.

[35]李妮 . 电子商务专业产教融合研究[J]. 北京：商场现代化，2018.